de birlibirloque

adência do analfabetismo

CB026750

José Bergamín

A arte de birlibirloque

A decadência do analfabetismo

Tradução:
Gênese de Andrade

hedra

coleção bienal

© Heirs of José Bergamín
Título original: El arte del birlibirloque © 1930
Título original: La decadencia del analfabetismo © 1974
© Desta edição, 2012, Fundação Bienal / Hedra

Dados Internacionais de Catalogação na Publicação (CIP)

Bergamín, José
A arte de birlibirloque; A decadência do analfabetismo /
José Bergamín; tradução Gênese de Andrade. — São Paulo:
Hedra, 2012. — (Coleção Bienal) 92 p.

*Títulos originais: El arte del birlibirloque; La
decadencia del analfabetismo*

ISBN 978-85-7715-291-9

1. Analfabetismo 2. Cultura 3. Ensaios espanhóis 4.
Estética 5. Poética 6. Tauromaquia 7. Touradas I. Título.
II. Título: A decadência do analfabetismo. III. Série.

12-11044   CDD 864

Índices para catálogo sistemático:
1. Ensaios: Literatura espanhola 864

Foi feito o depósito legal.

Direitos reservados em língua portuguesa
somente para o Brasil.

Editora Hedra
R. Fradique Coutinho · 1139 (subsolo)
05416-011 · São Paulo · SP · Brasil
+55 11 3097 8304
editora@hedra.com.br · www.hedra.com.br

Fundação Bienal de São Paulo
Av. Pedro Álvares Cabral, s/n.
Parque Ibirapuera · portão 3
04094-000 · São Paulo · SP · Brasil
+55 11 5576 7600
www.bienal.org.br

Sumário

7   Apresentação

15   **A arte de birlibirloque**

17   Entendimento do toureio

23   Ao toureio andaluz: Escola de elegância intelectual

53   **A decadência do analfabetismo**

Apresentação
Luis Pérez-Oramas

Com a intenção de compartilhar algumas das leituras e referências teóricas que embasaram o pensamento curatorial da 30ª Bienal de São Paulo — *A iminência das poéticas*, compilamos esta coleção de livros de pequeno formato que reúne textos fundamentais para a curadoria e até agora inéditos em língua portuguesa.

A coleção complementa o catálogo da exposição e é constituída pelos seguintes títulos: *Amores e outras imagens*, de Filóstrato, o Velho; *Os vínculos*, de Giordano Bruno; o primeiro tratado dedicado a Frontão, que abre a *Réthorique spéculative*, de Pascal Quignard; *Ninfas*, de Giorgio Agamben; *A arte de birlibirloque* e *A decadência do analfabetismo*, de José Bergamín.

Para a curadoria, falar (as) imagens foi um *leitmotiv* sobre o qual elaboramos nosso projeto educativo — chamando-o, inclusive, entre nós, de "projeto Filóstrato". A publicação do livro do autor da segunda sofística, com suas 65 imagens descritas, impunha-se a nós por si mesma. Rosangela Amato aceitou generosamente traduzir do original em grego uma seleção desses quadros, sobre os quais filólogos e pensadores ainda discutem se existiram ou se foram simplesmente o pretexto

ideal para a invenção de um novo gênero literário.
Em todo caso, é uma certeza factual que as imagens
são mudas, que aqueles que se dedicam a produzi-
-las fazem — como proclamava Poussin — ofício de
coisas mudas. Mas o fato de que elas não cessam
de produzir glosas e palavras, textos e polêmicas,
de que também sejam objeto de um incessante mister
de descrições, no qual chegam a ser o que estão
destinadas a ser para nós, confirma a complexa
relação entre o verbo e a imagem.

Essa relação, essa equação nunca estável,
esse eco de Narciso que não ouve a reverberante
palavra da ninfa Eco regula todo o sistema do
figurável em nossa cultura. Ela mesma, a possibilidade de um nicho na imagem para o verbo ou de um
lugar na palavra para a imagem, é uma potência de
vínculo: e são os vínculos a matéria constituinte
da 30ª Bienal.

Os vínculos, na medida em que oferecem uma
possibilidade para a analogia — que não se refere
somente à semelhança, mas sobretudo à diferen-
ciação —, estiveram no coração de nossas motiva-
ções na medida em que nos propusemos a realizar
uma "bienal constelar". A relativa flexibilidade
desses vínculos, a possibilidade de um exercício analógico sem fim é uma das convicções de *A
iminência das poéticas*. Poder-se-ia dizer que a
iminência das poéticas não é outra coisa senão
esse exercício, esse devir analógico das coisas,
dos figuráveis e do dizível. "Nenhum vínculo é
eterno", diz Giordano Bruno em seu tratado, "mas
há vicissitudes de reclusão e liberdade, de vínculo e de liberação do vínculo, ou mais ainda, da
passagem de uma espécie de vínculo a outra".

Como não perceber em nosso exercício curatorial, então, quando propomos esse retorno ao
pensamento analógico, que a figura de Aby Warburg,

cuja obra final, o *Atlas Mnemosyne*, constitui uma das mais brilhantes manifestações modernas? A evocação da Ninfa de Warburg na brilhante reflexão de Agamben se justifica como um frontispício teórico de nossa Bienal.

A curadoria da 30ª Bienal estrutura-se sobre algumas convicções lógicas para adentrar o terreno nada lógico das artes: uma delas é que, como Ferdinand Saussure demonstrou para a linguagem, as obras de arte somente significam na medida em que marcam uma diferença e uma distância com relação a outras obras de arte. É no registro da possibilidade permanente de assemelhar-se e diferenciar-se que as obras de arte nos atingem, se fazem em nós e significam conosco e ali encarnam como sobrevivência e alterforma de outras formas.

Dessa certeza estrutural procede, talvez, hoje — quando os artistas retomam a equivalência humanística do *Ut pictura poesis* [assim como a pintura, a poesia] por meio de práticas conceituais centradas na primazia da linguagem —, a crescente presença de obras que se manifestam como arquivo e atlas. A segunda certeza da curadoria é que as obras de arte, e a própria curadoria, são atos de enunciação, apropriações de linguagem que encarnam em um aqui e agora e em um corpo: que são corpos, inclusive, quando apostam no mito de sua desmaterialização.

Nesse sentido, elas são, como a curadoria, o equivalente a uma voz. Para além de seu destino escritural — Pascal Quignard recorda-nos dois momentos traumáticos na questão da voz: o da "mudança vocal", quando a infância perde sua voz aguda e ganha gravidade terrena; e o da escritura, quando o barulho surdo do estilete sobre o papel anula, em seu corte silencioso, a vida da voz: quando escrevo, calo.

Desses problemas, deduz-se a importância dos textos de Quignard e Bergamín. Textos radicais e talvez estranhos para a sensibilidade contemporânea, habituada às simplificações de um meio atormentado por transações políticas e mercadológicas. A curadoria compartilha a certeza de Bergamín de que a cultura morre quando é totalmente submetida à imposição da letra inerte, quando se desvanece em nós a voz analfabeta que jaz desde a mais incerta origem. Também proclama, mesmo em suas cifras menos legíveis, a necessidade de uma inteligência do *birlibirloque* — curadoria como pensamento selvagem, como inteligência da bricolagem, para evocar Lévi-Strauss —, que se realiza no instante da ocasião e ante a concreção das coisas que resistem com seu impulso de morte, como o touro quando investe contra a metáfora vermelha do toureiro. Finalmente, se falar (as) imagens é um exercício sempre inconcluso, a razão talvez esteja na densidade natural do mundo e na resistência antifilosófica da voz: Frontão envia uma carta a Marco Aurélio na véspera de seu primeiro discurso diante do senado de Roma, no belo texto de Quignard. Não confunda nunca — repreende-o — a linguagem com seu voo.

Se quisemos algo em *A iminência das poéticas*, foi tentar seguir ao pé da letra o programa contido em um fragmento de Frontão: não nos identificarmos com a linguagem em flor (os sistemas), nem com a linguagem silvestre (vernácula), mas com a linguagem *in germine* (germinativa), com a linguagem enquanto está vindo, enquanto é, ainda, iminente.

Os textos mais antigos, de Filóstrato e Giordano Bruno, poderiam então funcionar como a referência histórica e teórica da coleção: textos de enorme influência e grande reputação intelec-

tual, hoje confinados ao esquecimento do grande
público leitor. Esses dois livros são testemunho
de um mistério: assim como os mitos, cuja origem
é impossível discernir na variedade de suas con-
figurações, não deixam de produzir efeitos reais,
igualmente, a cultura ocidental da imagem, e sua
relação com a voz e com o pensamento, continua sob
a influência desses dois textos capitais.

Pode-se dizer que Filóstrato, o Velho, inau-
gura com seus *Eikones* [Imagens] uma das formas
poéticas mais frequentadas de nossa cultura: a da
descrição verbal de imagens puramente figurativas.
Essa forma, conhecida como écfrase, deu lugar em
nossa cultura a uma possibilidade de materializa-
ção e transmissão para a equação insolúvel entre o
visível e o legível, entre o visual e o verbal,
em meio à qual não podemos deixar de viver. O
que o livro de Filóstrato gerou, e ainda sugere,
além de uma incomensurável quantidade de cenas
de representação, desde os pintores e gravadores
da Antiguidade até Musorgsky e Sokurov, é a im-
possibilidade de distinguir qualquer antecedência
entre imagens e palavras. Toda palavra tem por
iminência uma imagem, à qual serve como fundação;
toda imagem tem por iminência uma palavra, que lhe
serve como ressonância.

Quanto a Giordano Bruno, filósofo esquecido
mas não menos fundamental, foi Robert Klein que,
no século passado, e entre os que renovaram o
destino da história da arte como disciplina intelectual, mais claramente expôs o papel-chave de
Os vínculos no espaço da cultura visual moderna:
"O humanismo havia posto o problema das relações
entre a ideia e a forma que a expressa na retórica, na lógica, na poesia, nas artes visuais;
havia se esforçado em unir o quê e o como, em encontrar para a beleza da forma uma justificativa

mais profunda que a necessidade de aparência". Mas, por mais que tenha avançado, nunca negou que, em todos esses campos, "o que se diz" deve existir anteriormente à expressão. Daí que, de um ponto de vista muito simplificado, o humanismo se conclui nas ciências quando o método de pesquisa se torna fecundo por si mesmo, e na arte quando a execução, a *maniera*, se transforma em um valor autônomo. Quando, em 1600, a consciência artística havia chegado a esse ponto, não encontrava nenhuma teoria da arte que pudesse dar conta dela. Não restava mais que a antiga magia natural, ou seja, uma estética geral que ignorava a si mesma e que Giordano Bruno se precipitou em desenvolver no magnífico esboço que intitulou *Os vínculos*.

Bem iniciada esta segunda década do século XXI, ainda vivemos sob a égide estética dessa cultura da fascinação: não parece afirmar outra coisa nossa civilização numérica de relacionamento digital, com a ilusão de comunidade que se esconde por trás das "redes sociais" e que não faz mais do que gerar uma modalidade de exibicionismo tão furtivo quanto persistente. Dessa forma, pareceria que nossa relação de fascinação com o mundo é cada vez mais dependente de uma mediação escritural, codificada, metaletrada. Os ensaios de José Bergamín, já clássicos, dedicados a reivindicar a viva voz contra a letra morta, denunciando a decadência do analfabetismo e defendendo a necessidade de uma cultura da voz, assim como seu tratado sobre a tauromaquia, arte de *birlibirloque*, representam um manifesto a favor da sobrevivência da natureza, contra o esquecimento da infância e da experiência. Meditações gerais dissimuladas em seu circunstancial objeto textual, ambos os ensaios, além de serem peças supremas da literatura espanhola moderna, são de uma surpreendente atualidade e pertinência.

Do grande filósofo Giorgio Agamben, autor de *Infância e história*, ensaio que aborda o moderno esquecimento da experiência, apresentamos um dos ensaios mais recentes intitulado *Ninfas*. Central no pensamento da 30ª Bienal, a figura de Aby Warburg e seu *Atlas Mnemosyne* também o é nesse ensaio de Agamben, que parte da visão da prancha 46 da referida obra, ineludível para o pensamento atual da arte. A Ninfa clássica, pretexto e objeto, em Warburg, de uma obsessiva reflexão sobre a imagem e a fórmula do *páthos*, é aqui objeto de análise e pensamento como figura tutelar da "vida após a vida" [*nachleben*] das imagens: encarnação emblemática da sobrevivência e alterforma que dá lugar à continuidade do visível em nossa cultura.

Finalmente, o primeiro tratado da *Réthorique spéculative*, de Pascal Quignard — dedicado a Marco Cornélio Frontão, retórico esquecido entre as ruínas e os fragmentos da Roma clássica, tutor do imperador Marco Aurélio —, transforma-se no pretexto de um dos ensaios mais belos e brilhantes da literatura francesa contemporânea: unem-se nessa escrita fulminante e suave, rebuscada e precisa, as reflexões centrais da 30ª Bienal: a primazia da voz sobre a letra, o impulso antifilosófico da imagem, a novidade do arcaico que jaz no fundo de nosso alento, a entonação e a afasia, a fascinação e a metamorfose, a nudez da linguagem e a cena invisível da origem.

Tradução: *Gênese de Andrade*

A arte de birlibirloque

Entendimento do toureio

No toureio, tudo é verdade e tudo é mentira

O entendimento do toureio é, naturalmente, consequência de uma limpa e fina sensibilidade: porque o toureio é o que há que ver, coisa de ver, e de entender, por conseguinte: coisa, objeto da percepção e do raciocínio. Sem sensibilidade ou percepção sensível, não há entendimento de nenhuma arte ou jogo; mas o percebido ou, como diriam os místicos, o *sensado*, se for condição do concebido, não determina sua valoração: o critério que aceite ou rejeite o toureio será uma questão de sensibilidade, como se costuma dizer, quando o for de inteligência, de entendimento racional, e o entendimento de uma coisa é alheio ou independente de nossa voluntária adesão ou repugnância a ela; o entendimento não aceita nem rejeita nada, simplesmente o evidencia, o verifica.

 O espetáculo de uma corrida de touros não vale unicamente pela impressão sensível que nos causa, por mais sensível que essa impressão pretenda ser; quanto mais puramente sensível (confusamente perceptível) for, menos inteligível será, e mais longe estaremos, portanto mais impossibilitados, de estabelecer algum critério moral

ou estético para poder valorizá-la. Para saber o
que o toureio vale moralmente ou esteticamente,
teremos, antes de tudo, que entendê-lo. E como
poderemos entendê-lo enquanto repugnar nossa sensibilidade, se nossa sensibilidade se opõe confusamente a isso? Aqueles que, pretextando essa
primorosa sensibilidade, se negam a seu entendimento, poderão se vangloriar do que quiserem; de
tudo, menos de entendimento; poderão se vangloriar
de instintiva, primária, rudimentar sensibilidade,
reflexa como a de um animal qualquer; sem que esses reflexos psicopáticos indiquem necessariamente
delicada sensibilidade: mais de um insensível picador de touros, brutal, desmaiou ao ver uma gota
de sangue. Uma sensibilidade verdadeiramente fina
é uma sensibilidade firme, segura, exercitada,
como a do cirurgião; ou seja, de rapidíssima concepção ou racionalização; e somente essa rapidez
funcional no processo do *sensado* pode conceber o
toureio; ou seja, abstrair, conceituar tão rapidamente pelo pensamento uma experiência sensorial.
Essa verificação perigosa de relações evidentes
desenvolvidas no espaço e tempo sensíveis, com
a precisa exatidão abstrata de um tempo e espaço
matemáticos. Poder conceituar tão rapidamente o
sensível é propriedade de finíssimas sensibilidades: as sensibilidades toscas, rudimentares,
carecem dessa faculdade; por isso, para elas, o
espetáculo do toureio é sensacional e repulsivo;
porque lhes é, simplesmente, inconcebível. O toureio é um jogo vivo de inteligência, tão exclusivamente inteligente que o mínimo erro contra a
exatidão na execução de suas sortes pode custar a
vida ao lidador. *Pepe-Illo*, que o inventou, verdadeiramente, porque estabelecia seus princípios,
definindo-os com geométrica distinção e clareza,
aparece, na capa da primeira edição de sua admi-

rável metafísica do toureio ou *Tauromaquia*, com a espada e a muleta em uma das mãos, e na outra, um relógio. *Joselito*, que confirmou admiravelmente a arte *birlibirloquesca* de tourear de *Pepe-Illo*, foi, seguramente, a inteligência viva, natural, mais extraordinariamente sensibilizada; por isso o toureio em suas mãos parecia magia, prodígio, maravilha: inteligível jogo de prestidigitação.

O toureio é um puro jogo inteligível, no qual a vida do jogador periga; esse perigo desinteressado afirma, ao entendê-lo, que de sua verificação estética se deduz, como de toda afirmação estética, uma consequência moral ou imoral: a do heroísmo; o heroísmo puro, sem utilidade; o toureio é um jogo de heroísmo ou um heroísmo de jogo: heroísmo absoluto. Nesse sentido, poder-se-ia supor que é um esporte transcendente, um esporte de significado estético ideal duplicado; porque no toureio se afirmam, fisicamente, todos os valores estéticos do corpo humano (aparência, agilidade, destreza, graça etc.); e, metafisicamente, todas as qualidades que poderíamos chamar esportivas da inteligência (concepção rápida ou abstração sensível para relacionar). É um duplo exercício físico e metafísico de integração espiritual, em que se valoriza o significado do humano heroicamente ou puramente: de corpo e alma, aparentemente imortal. Esta é sua beleza mais pura: ser espetáculo visível de uma invisível realidade; a roupa do toureiro se acende de luzes imortais para iluminar sobrenaturalmente o mais natural: a morte e a vida, simplesmente, heroicamente, confirmadas como um puro jogo imaginativo real. O entendimento dessa realidade imaginativa, que se confirma vivamente, é como o de uma configuração ou construção espiritual sem permanência; quando o violonista constata musicalmente uma falseta improvisada, diz: "Fique aí", como se dissesse: "Que ninguém a toque"; e assim fica efetivamente vista e ouvida: entendida, sem que ninguém, nem ele mesmo, possa voltar a tocá-la. Ver para crer, para entender: sem tocar. O toureio fica, visto e entendido ou acreditado: visível um momento, invisível uma eternidade. A inteligência do toureio é tão sensível que diz: "Olhe-me e não me toque". O toureio só quer ser entendido, puramente, exclusivamente, sem contatos de utilidade: acende luminosamente a inteligência humana para que se possa vê-la jogar; que ninguém o toque, que todos o vejam, e o entendam; nada menos e nada mais. Por isso as morais utilitárias o rejeitam: porque é exclusivamente inteligente, até a crueldade; porque elude expressamente, expressivamente, qualquer consequência prática de moralidade. É que há também, convém não esquecer, o que o crítico do pragmatismo René Berthelot chamou de romantismo da utilidade; são esses românticos sentimentais da utilidade que não podem ver o toureio; e como não podem vê-lo, não o veem e não o entendem; também não podem engoli-lo, que é o que gostariam: engoli-lo depois de tê-lo mastigado moralmente, porque é tátil, apreensivo, seu gosto ou empenho voluntário de utilidade; por isso se compadecem do touro, padecem com sua paixão mortal e não com a inteligência imortal do toureiro que a burla; porque se identificam praticamente, sentimentalmente, com o touro, que é o que sente ou padece vivo; mas não entendem a inteligente *burla* e *birla*[1] que é a *arte de birlibirloque* verdadeira de tourear. Todo

---

1   O autor faz um jogo entre *"burla"* ("engano" ou "zombaria", como em português) e *"birla"* ("trapaça") para chegar à definição do toureio como *"arte de birlibirloque"*. [N.T.]

aquele que não pode ver o toureio, jamais poderá
entendê-lo, por falta, não por sobra, de sensibilidade verdadeira, de clarividência; por romântico
sentimento prático do útil. O jogo inteligente do
toureio não pode andar entre os bobos, como diz um
refrão popular. É jogo imaginativamente racional,
enigmático, verdadeiro; cruelmente perfeito; luminoso, alegre, imortal. Somente uma transformação
tão antiga de civilizações como a andaluza poderia originar o toureio; somente uma sensibilidade
secular tão profunda e depurada poderia extremar
sua paixão pela exatidão, pela inteligência, até
este último afã clarividente, gerando-o em um puro
jogo que assume, paradoxal, a vida e a verdade: a
vida verificada, sem temor, até a morte. Partido
em luz e sombra, o círculo virtual do toureio faz
uma volta eterna, imortalmente verdadeira. As in-
compreensões e oposições que o rejeitam não são,
em definitivo, nada mais que ódio mortal à inteligência: acumulação impotente de rancores sentimentais em civilizações inferiores por serem ainda
primitivas e bárbaras. É o rancor sentimental de
intelectuais de improviso, que são sentimentais
disfarçados, sem sensibilidade ainda para seu
natural e sobrenatural, espiritual, entendimento.

Ao toureio andaluz: Escola de elegância intelectual

> *Todo o valor no peito,*
> *todo o temor nos pés.*
> Calderón

A *arte de birlibirloque* é a que sabe que, em toda ação e obra do homem, Deus põe sempre a metade. Ou não a põe e o Diabo tem que pôr.

EM toda arte bela, há sempre a evidência viva de um milagre. O milagre cumpre uma lei divina, com rapidez, com ligeireza: por *arte de birlibirloque*.

O milagre se dá sempre que o homem põe algo e Deus dispõe dele. (O homem põe e Deus dispõe; quer dizer, tira.)

A *arte de birlibirloque* é a arte de pôr e tirar.

LAGARTIJO ou Cúchares, o que era, foi um admirável definidor da *arte de birlibirloque*, quando explicava a arte *birlibirloquesca* de tourear dizendo: Aí vem o touro? Você se tira (e para poder se tirar, é necessário que tenha se posto primeiro). Você não se tira? O touro lhe tira. Nesse caso,

Deus é o touro. (Nietzsche chamou o cordovês Sêneca "toureador da virtude".)

NA arte de tourear é onde melhor se evidenciam as verdades *birlibirloquesas*, porque entram pelos olhos.

OS *Princípios* da arte de tourear que *Pepe-Illo* escreveu têm a permanência perfeita de um dogma estético, ou seja, todas as condições convencionais de uma ciência. Substituí-los seria como inventar um novo sistema planetário: possível, mas incômodo; e, provavelmente, equivocado.

AS corridas de touros nasceram por *arte de birlibirloque* no século XVIII. Vieram contrapor-se classicamente à desordem pública e privada da decadência espanhola. Mas a essa originária geração clássica sucedeu, depois, durante um século, sua castiça degeneração.

PARA se constituírem em festa nacional, as corridas de touros tiveram que degenerar castiçamente, corromper-se como o teatro *birlibirloquesco* do século XVII. A máscara nacionalista, feiamente rabiscada de casticismo, oculta, em ambos os casos, a bela face humana — e divina — de um espetáculo popular, ou seja, aristocraticamente clássico. O povo é sempre minoria.

O casticismo costumbrista corrompeu as corridas de touro, nem mais nem menos que o teatro, a literatura, a pintura, a arquitetura, a música, o catolicismo e a política: tudo o que tornou infraespanhol. Mas não há nada menos castiçamente espanhol que a lida de um touro na praça quando é realizada perfeitamente. Nada mais clássico, mais

romanticamente clássico; e, ao contrário, apolíneo
e dionisíaco ao mesmo tempo, ou seja, artístico;
nada mais singularmente belo, e, portanto, universal. Quando a lida do touro se realiza ordenadamente, pela direção voluntária de uma inteligência viva e juvenil, é um espetáculo admirável
de paixão e graça, de ímpeto natural e consciente
domínio geométrico: de vida e de arte.

TODA tradição é uma luta entre o clássico e o castiço.

AQUELE que não tem inteligência, tem caráter.

O casticismo é caricatura; o característico é sempre caricaturesco; porque o exagero não é intensidade, é caricatura. O que não se pode expressar
intensamente, exagera-se.

A doença foi definida como caricatura do temperamento: exagero. Aquele que só tem defeitos,
impotência artística, exagerando-os consegue a
caricatura de uma pessoalidade, de uma inteligência: o caráter (o caráter é a caricatura da
inteligência); e assim se forma exteriormente,
não por sua inteligência, que lhe falta, e, sim,
por seu temperamento, que lhe sobra. Na *arte de
birlibirloque* de toucar, *Joselito* era uma inteligência, e Belmonte, um temperamento, uma caricatura. A expressão de uma doença: o casticismo
espanholista característico. Os nomes de *Joselito*
e Belmonte polarizaram visivelmente a luta tradi-
cional espanhola entre o clássico e o castiço.

HÁ que separar definitivamente o que é caricatura
do que é expressão intensificada com firmeza de
traço — de pensamento —, com vigor: estilo. A

expressão obtida é beleza definidora, porque é a linha que define, contendo-a, uma plenitude espiritual. Ao contrário, a caricatura é concavidade vazia de tudo: exagero, voz estrondosa, ausência de linha (de pensamento), de expressão: feiura característica.

O exagero é sempre feiura: máscara vazia; por trás da máscara caricaturesca não há mais que um buraco, seu avesso: a contracaricatura.

A tragédia e a comédia na *arte de birlibirloque* não são a máscara, embora a máscara lhes sirva necessariamente de teatro, de meio para intensificar a expressão: o grotesco, que não é exagero nem caricatura. A máscara contém a paixão e a burla, como um copo os dados: para lançá-las fora, longe, com mais força (que é porque engrossa a voz), para abrir-lhes caminho no espaço e no tempo: para fortificar todas as possibilidades *birlibirloquesas* do jogo. Mas a máscara pela máscara não é nada (o teatro pelo teatro, a arte pela arte etc.). A voz estrondosa, sem palavra, sem pensamento, é um vazio *uh... uh... uh... uuuhhh...*, para que o touro venha; e o touro, desdenhosamente, vai embora.

TODO aquele que se põe a fazer *bu* é porque quer dar um susto no medo; é que não tem mais que medo, porque está às escuras e vazio.

NO toureio, não se pode fazer *bu* senão fazendo galeios: ocultando, trapaceando, burlador, o toureiro, sob a capa, obscuramente, sua luminosa aurora.

A arte verdadeira age sempre por excesso de poder, de potencialidade: a todo artista potencial

parece que lhe resta por dizer mais do que diz. A
dicção perfeita, a arte clássica, é a única zona
luminosa de uma vasta região espiritual sombria,
sua expressão consciente; e o artista contém, pela
linha limite da sombra (desenho, pensamento, estilo), a força criadora de sua paixão secreta e
plena: para expressá-la; como o touro.

O artifício caricaturesco é inexpressivo, porque
carece de conteúdo potencial, de pensamento: por
isso não forma, mas deforma, exagera; é o vazio, o
oco, a trapaça.

O touro estremece até o mais mínimo de seu ser na
potente plenitude de sua pujança viva: porque o
touro não exagera nunca seu poder: ao contrário,
expressa-o contendo-o na veemência dirigida e precisa da investida. O touro desdenha tudo o que
não seja contradição exata e luminosa.

O touro, no ímpeto obscuro, só é vencido pela
paixão fogosa da púrpura que o burla: a inteligência; e pela alegria ardente do aço de chama
viva que o fere: a luz.

O toureiro não é uma máscara: é um mascarado de
luz.

O toureiro não se disfarça de toureiro: a inteligência não pode se caracterizar. O traje de
luzes do toureiro é emblema de pura inteligência:
porque tourear é coisa de viva inteligência. O
toureiro vestido de luzes, como o palhaço no circo
e o sacerdote paramentado para oficiar, é a inteligente expressão visível da graça. (É claro que
são três graças diferentes: para cada um, a sua.)

JOSELITO foi um Luzbel adolescente, caído por orgulho de sua luminosa inteligência viva.

O fantasma luminoso de *Joselito* (antes que Nietzsche e Pascal) iluminou de clara inteligência juvenil minha adolescência escura.

A crueldade é condição ineludível da beleza, porque o é da limpa sensibilidade: da inteligência.

A evidência pura da luz é cruel para os olhos frágeis; somente o vigor aceso de paixão da inteligência pode enfrentar pelo olhar a intensidade luminosa do céu.

UMA corrida de touros é um espetáculo imoral e, por conseguinte, educador da inteligência.

— VOCÊ é pessimista?
— Sim; porque a única coisa que eu quero é a alegria.

TUDO tem seu nascimento na alegria: a *arte de birlibirloque* de tourear também.

O toureiro triste, que provoca o sucesso enfatizando melodramaticamente o perigo, não merece sequer uma limpa ferida mortal.

EM uma corrida de touros, a tragédia é sempre impossível (para o toureiro): a única tragédia possível seria a do touro. O toureiro que evoca a morte apaga as luzes de seu traje com sua sombra: suicida-se como toureiro ao despojar-se de sua aparente imortalidade, de sua artística glória; e perece, falseando o humano, pela comprovação mortal e lamentável de seu próprio esqueleto melodramático. Então os espectadores sentimentais estremecem de prazer, enquanto os inteligentes viram o rosto como se estivessem diante de um cavalo estripado.

EM uma corrida de touros, a única emoção humana verdadeira, e viva, é a estética. As corridas exigem, como o cinematógrafo, um ângulo de visão ou enfoque, um ponto de vista, exclusivamente estético.

OS que se compadecem do touro o ofendem muito mais e pior que os que o ferem e matam. O único insulto para o touro é a compaixão.

COMO se pode proteger a ferocidade? Não há "sociedade protetora dos animais" capaz de enfrentar filantropicamente um touro.

O toureiro triste, que sai para a praça lastimosamente, com dolorida gesticulação de reumático articular agudo, exagerados gestos de fadiga e ofegante angústia respiratória, mendiga o sucesso como uma cama de hospital. Cuidado com esse toureiro que é um chantagista da compaixão!

O toureio não é uma dança; mas, para as condições vitais de sua realização, é como se fosse.

NO lugar da placa *Não há ingressos* que vejo na entrada da praça, preferia ver esta outro: *Quem não souber geometria não pode entrar*.

NA *arte de birlibirloque* de tourear, o toureiro clássico não tem luzimento: tem lucidez.

ENTRE tantas definições da inteligência, poder--se-ia dar esta: a inteligência é uma aptidão ou predisposição metafísica para tourear.

NÃO é a mesma coisa o jogo da arte e a arte do jogo: o toureio é uma arte do jogo.

O jogo alerta do toureio é um despertador da alma dos que dormem, e, sobretudo, dos que sonham. Mas alguns surdos que não querem ouvir, nem ver, nem entender, chegam a precisar do despertador para dormir mais profundamente ainda; e até para sonhar.

PARA tourear, como para ver tourear, há que estar muito desperto.

O imaginativo, o sonhador e, provavelmente, as mulheres sobram na praça; na limpidez de sua atmosfera celeste, não há chances para devanear.

NÃO há nada mais desperto e evidente que a *arte de birlibirloque* de tourear: nada que exija uma atenção mais clara, rápida e decidida: nada mais real; por isso é ação e espetáculo de pura, exclusiva inteligência: de apurada sensibilidade.

NEM tudo que reluz é ouro (nem prata) no toureio; é mais: inteligência.

AS virtudes afirmativas da *arte de birlibirloque* de tourear são: ligeireza, agilidade, destreza, rapidez, facilidade, flexibilidade e graça. Virtudes clássicas: *Joselito*.

Contra essas sete virtudes, há, com efeito, sete vícios correspondentes: gravidade, rudeza, esforço, lentidão, dificuldade, rigidez e deselegância. Vícios castiços: Belmonte, castiço até o *esperpentismo*[2] mais atroz e fenomenal.

---

2 Tendência a inserir uma visão deformada e grotesca da realidade na obra de arte e, por extensão, em outros âmbitos. [N.T.]

JOSELITO toureava, classicamente, para o universo:
pelo prazer de tourear. Belmonte toureou, castiçamente, para o público; e a contragosto: *pour
l'Espagne et pour le Maroc*.

O que mais entusiasma os públicos, em uma arte
qualquer, é ter a impressão de um esforço em quem
o realiza, a sensação constante de sua visível
dificuldade: isso lhes garante a segurança de que
podem aplaudir justamente, premiando o mérito.
Mas, ao espectador inteligente, o que importa é o
contrário: os dotes naturais extraordinários, a
facilidade, que é estética e não moral; ver realizar o mais difícil como se não o fosse, habil-
mente, com graça, sem esforço, com naturalidade.
É essa, em toda arte, a supremacia verdadeira:
vital. Há que inverter todos os valores para poder afirmar o contrário.

JOSELITO, extraordinariamente dotado, extre-
mou as virtudes afirmativas de sua arte até o
virtuosismo. É tão ruim superar-se quanto não
chegar? Nunca tão ruim. Em *Joselito*, a *arte de
birlibirloque* extremava-se tanto que chegava a
parecer, às vezes, quase exclusivamente, prestidigitação. Oh, maravilha! Viram o escamoteador,
escamoteado, no fim, pela morte. (O touro, nesse
caso, era, também, Deus.)

A prestidigitação aparente de *birlibirloque* não é
sua arte, nem sua ciência, mas, simplesmente, seu
estilo.

O predomínio da linha curva e da rapidez são valores vivos de toda arte (*Joselito*). O da lentidão
(morosidade) e da linha reta são valores mortos
invertidos (Belmonte).

A linha curva compromete o desenhista, obrigando-
-o a ser expressivo; ou seja, a pensar, a ser
desenhista, a ter estilo. E é ou não é: não há
trapaça possível. O mau desenhista, ao contrário (mau pensador, mau artista, mau toureiro),
defende-se com linhas retas tangenciais: sai por
elas enganosamente; não se atreve a comprometer-
-se, e faz trapaças morais, trapaças com retidão:
a trapaça sempre tem mérito.

A retidão é sempre moral: nunca artística.

HÁ que ter muito cuidado em separar a arte do
artifício, que a falsifica; o jogo, da trapaça,
que o prostitui: porque no jogo, fazendo trapaças, pode-se ganhar; mas então é quando o jogo *não
vale*. Há que negar todos os valores, invertendo-
-os, para que a trapaça valha mais que a sorte;
o artifício, mais que a arte; a estilização,
caricatura do estilo, mais que o estilo; o espalhafato, mais que a expressão. Foi o que fez
Belmonte no toureio, por instinto de conservação,
dada sua impotência natural; o que fez Strauss
em música e Pirandello no teatro. O maior pecado
contra a *arte de birlibirloque*, o pecado mortal,
é a trapaça ou truque, porque é sua falsificação
enganosa; mas é também para os arrivistas, aven-
tureiros de fortuna, voluntariosos desgraçados,
o sucesso certo: *Birlibirloque* não tem polícia
nem justiça para as más artes; e quando não há
vigilância para o trapaceiro, ganha sempre.

PARA o público ininteligente de uma arte, ou de
um jogo (dá no mesmo), tudo o que não tem trapaça
não tem mérito; e é verdade, não tem mérito: tem
graça.

A *arte de birlibirloque* decepciona sempre os públicos, porque não veem a trapaça; é porque não
a tem. As multidões não aceitam nunca a verdade
artística, porque lhes parece mentira, e aceitam
sempre qualquer mentira que pareça verdade: rejeitam o milagre e criam o mito.

NA falta de arte, bom é o artifício, diz o im-
postor, no toureio como no teatro; e o público
aplaude, porque vê o artifício, mas não a arte;
porque não vê o jogo, e, sim, a trapaça, e crê
que a trapaça é o jogo; e que o mérito é fazer
trapaças para ganhar com certeza.

A arte não pode ser artificial, como o estilo
não pode ser estilizado. A arte tem sua própria
natureza artística, e, naturalmente (artistica-
mente), sua graciosa naturalidade, que é a mais
pura perfeição artística. O artifício, ao contrário, é sempre afetação. Na *arte de birlibirloque*
de tourear, Belmonte foi a afetação artificiosa;
Joselito, a artística naturalidade; a arte *birlibirloquesca* de *Pepe-Illo* voltava a sua inocência
bela, clássica, anterior à queda casticista: com
toda a força e a graça primaveril do mais novo
renascimento.

TODA revolução é um retrocesso? Não. Todo retrocesso é uma falsa revolução: um fracasso; uma
evolução quebrada, uma tradição revolucionária
estragada, interrompida; um nascimento ou renascimento malogrado, cortado em flor, em sua flor:
a novidade. Belmonte foi uma má revolução; *Joselito*, um renascimento.

O artifício se compraz tristemente na morte; a
arte brinca alegremente com a vida.

O pior truque do toureiro é a valentia; o toureiro
truculento e sensacional da valentia é um trapaceiro. Alardear seu valor é um espalhafato do
maior mau gosto no toureiro; e, além disso, mentira; a prova mais evidente do medo é um exagerado
gesto de valor: para assustá-lo. O valor e o medo
se excluem por definição, por princípio, de toda
arte ou esporte, constantemente perigoso: porque
a regra primordial da arte, do jogo, é prescindir
do perigo como se não existisse; sua previsão é
descontá-lo. A valentia do toureiro é uma suposi-
ção, como um axioma matemático, sem necessidade de
demonstração.

ATINGIR o toureiro na praça deve ser um acidente
infeliz, como a queda de um aviador.

QUANDO o toureiro é atingido na *sorte* é porque a
sorte era ruim; duplo jogo da verdade.

O fato de que as formas do toureio se chamem *sortes* tem um duplo sentido de admirável significa-
ção. A *sorte* é realizada classicamente (segundo
Montes e *Pepe-Illo*), o toureiro esperando o touro,
e não indo buscá-lo, obliquamente, quarteando
(quando a própria *sorte* não for quartear, como
ocorre em bandarilhas): o toureiro esperando o
touro por direito, como o destino; a perfeição
estética da *sorte* é como a de um contrato bi-
lateral. E se o touro não vier, se o touro for
embora, ou entrar, ele, obliquamente? Então falta
a metade: não há sorte e há que buscá-la de outro
modo, em outro lugar; mas claramente, de forma
limpa, como é lei de todo jogo. Engana-se o touro
como o Diabo (nesse caso, é o Diabo), contando com
ele; e respeitando sempre seus direitos: é parte
interessada.

NA *arte de birlibirloque* de tourear, tudo o que
não é *sorte* é trapaça.

HÁ somente dois tipos de toureiro, como dois tipos de artista e de homem, em geral: os que vão buscar o touro e os que esperam que o touro venha buscá-los. O toureiro que vai buscar o touro, o faz por ignorância e por medo: por ignorância, porque não sabe situar-se, colocar-se em seu lugar, que é onde o touro tem que encontrá-lo: a *sorte*; por medo, porque quer saber em que se ater, sem risco de acaso, e vencer o touro, vantajosamente, pela mão: a trapaça.

O mau toureiro, como todo mau artista, confunde a arte com a estratégia: a exatidão com a oportunidade.

— PÉS, para que vos quero?
— Ora, para que vai nos querer? Para tourear.

SE o toureiro se tira dando no pé, como aconselha *Pepe-Illo*, quando o touro chega e ele não está em sorte, age perfeitamente: o touro faz o mesmo.

O toureiro que foge dando no pé para salvar-se na barreira não pode ser desaprovado por nada, porque saiu do jogo, e já não há medo nem valor que valham. Todas as crianças sabem que quando se chega à barreira é quando já *não vale* jogar: o touro é que não deve saltá-la; o toureiro, sim. O toureiro que se tira saltando a barreira cumpre uma lei fundamental do jogo: a de não jogar quando não pode, joga limpo; em compensação, o toureiro que toureia entrando no terreno do touro, por medo, embora pareça o contrário, para não se pôr em perigo, falta a todas as leis do jogo, joga sujo, faz trapaça.

NÃO se procura o touro, encontra-se.

O toureio é um jogo de envide e de azar.

O primeiro dever do toureiro é não se aproximar do touro. E o do touro, não deixar que se aproxime. Um touro que deixa que se aproxime já não é um touro. Um toureiro que se aproxima do touro é um jogador cheio de truques, um trapaceiro.

NÃO se pode pisar no terreno do touro, nem perto, nem longe: é vencê-lo por trapaça. O toureiro que pisa no terreno do touro acaba com o touro e com o toureio: anula-o, destrói-o, transformando-o em uma pantomima ilusionista, geralmente sem perigo algum, mas muito emocionante para a histeria afeminada dos públicos *virilistas*, como o espetáculo de um domador de leões morfinizados.

O valor espera; o medo vai buscar.

O perigo não está onde menos se pensa, mas onde se pensa mais; porque não está onde parece, na trapaça, mas na *sorte*, onde menos se vê. *Joselito*, como *Pepe-Illo* ou Guillén, *birlibirloquesco*, morreu de uma chifrada fatal. Quando o toureiro está em seu lugar e o touro vem do seu, é quando o golpe é mortal; porque se o toureiro não parar a investida, burlando-a com exatidão matemática, o touro entra-lhe fundo, como na esgrima, e o mata, porque o toureiro verdadeiro não tem fundo falso, como o trapaceiro. Assim, perece no encontro, porque não há encontro; encontra a morte sem tê--la procurado, enquanto o trapaceiro a procura, mentirosamente, para não encontrá-la jamais: como procura o touro, para não encontrar-se com ele.

O bom toureiro é o que está sempre longe do touro,
mas em seu lugar, que é o mais perigoso para ele.
Por isso toureia sempre de costas para o público
(não é espalhafatoso, mas expressivo); porque, embora a praça seja redonda, o público o tem sempre
atrás: na frente, está o touro.

O toureiro que escandaliza é o que exagera falseando o jogo: o que sai de seu lugar e desvirtua
a ordem total com apelações e desplantes, porque ignorante das regras objetivas de seu jogo,
aproveita-se da desordem que causou para ficar
só, em primeiro plano, para fazer garganteios depois de haver estragado tudo, como o tenor em uma
ópera. E isso não pode ser tolerado nem atenuado
pelo perigo mortal que corre de engasgar.

NO jogo artístico de tourear, não se pode fazer
pose, nem na arena nem fora dela; porque a pose
é o contrário da colocação ou posição, situada,
diante da *sorte*.

O toureiro verdadeiro, o *birlibirloquesco*, sabe
que não se toureia de verdade nem longe nem perto
do touro, mas *en corto* ou *de largo*, como Montes
define; e que essas distâncias são medidas, segundo os tempos, pelos pés; porque os tempos são
mecânicos, não psíquicos, tempos extensos: função
do movimento no espaço; medida da quarta dimensão
espacial. Os tempos, as distâncias, no toureio,
são medidos, segundo Montes, pelos pés que o toureiro e que o touro tiverem, em relação mecânica
de movimentos; pela rapidez, ligeireza, voo, que
tenham, o touro e o toureiro, relativamente, nos
pés. Por isso, a qualidade essencial do toureiro
era, para Montes, a ligeireza, que o valor e perfeito conhecimento *birlibirloquescos* comprovam.

A *sorte* é carregada de razão para ser mais bem
cumprida. *Carregar a sorte*, no toureio, é começar
por ter razão para verificá-la: propô-la na retidão natural de seu entendimento, apresentando-a
com clareza e distinção, com exatidão, sem ro-
deios. Montes ensina a *carregar a sorte* em seu
princípio, quando o touro entra em jurisdição: a
marcá-la (o terreno jurisdicional é a *marca* de
separação dos terrenos: o do próprio touro, que é
o que determina suas querências, e o do toureiro,
determinado sempre pelo do touro); marcar a sorte,
desse modo, é dirigi-la, precisá-la, dar-lhe justo
sentido intencional, inteligente; para aperfeiçoá-
-la em seu centro, que é onde a *sorte* se verifica.
A inteligência obriga o toureiro a *carregar a
sorte* de razão para apurá-la até o último extremo,
que é o *cruzamento*: o quebro no escornar, o verdadeiro apuro; onde a razão se salva, logicamente,
por *arte de birlibirloque*.

A rapidez, a ligeireza, não são pressa nem pre-
cipitação; são exatamente o contrário: cálculo;
meditada, preparada, decidida resolução de voo, de
salto, de inteligência.

JOSELITO era o estilo puro, transparente, absoluto de tourear: o estilo real, despersonalizado;
porque o estilo é coisa e não pessoa. O toureiro
que personaliza o estilo falsifica-o, parodiando-
-o, imita-o porque não o tem, caracteriza-o ou
caricaturiza-o: nega-o. Quando o toureiro diz:
o estilo sou eu, é que não é mais do que ele,
sem estilo. Não há mais estilo de tourear que
o próprio toureio, sem personalizar: a *arte de
birlibirloque*.

PEPE-ILLO, dando um só passe de muleta antes de
matar bem um touro, era o estilo seco de tourear.

Romero, em um supremo alarde, matando-o sem dar
nenhum, era o extrasseco: melhor que melhor. Veio
depois o *dolce stil novo*: a doçura enjoativa da
faena com a muleta de grande voo para envolver em
calda o touro: o toureio açucarado e pegajoso em
que tudo gruda; até que sai um touro de verdade e
acabou-se o grudar; porque que miúdo passarolo é
um touro, o que se chama um touro, para ir caçá-lo
com melado!

A falta de poder e bravura, de anos, de casta,
tira do touro o ímpeto no impulso: torna-o lerdo,
medroso e suave na investida, o que permite ao
toureiro passá-lo lento e eludir o perigo do
cruzamento, simulando vantajosamente, em câmara
lenta, uma ilusão de *sorte*: o que chamam *temple*,
templar;[3] espalhafato sem expressão nem estilo;
amaneiramento afeminado, retorcido, lânguido,
falso; apelação fácil para o toureiro como um *floreio*, ou um *portamento*, e espelhamento de bobos;
porque o único que *templa* é o touro.

A languidez e o retorcimento, dois amaneiramentos
sem estilo, são consequência natural do toureio
sem touro, da inversão total do toureio que a
revolução belmontina fez; por isso, o belmontismo
culminou no desfalecimento ou no garroteamento do
medo; e não do medo do touro, que não existe, mas
do toureio, do medo de tourear: medo da arte e
abandono à trapaça.

ERA Belmonte com o traje prata um toureiro ou era
a armadura de Carlos V?

---

3   Significa "tempero", "temperar" ou "moderar". Na tauromaquia, refere-se a ajustar o movimento da capa ou da muleta à investida do touro, para moderá-la ou acelerá-la. [N.T.]

O sorriso suicida de *Espartero* tornou-se em Belmonte careta terrível e aflita; e o toureio de torso esparterino, contorção angustiosa e grotesca. O que *Espartero* profetizava tragicamente, Belmonte, caricaturesco, cumpria: o toureio sem pés nem cabeça.

O mais lamentável de Belmonte é que toureou sempre *em funeral*: muito devagar e oblíquo.

EM consequência da decadência malsã e doentia que o belmontismo gerou, tudo nas corridas de touro tornou-se monótono, pesado, rude, lânguido: sem curvas e sem rapidez; sem variação. Belmonte foi um rancoroso Lutero empenhado em confirmar moralmente, trapaceiramente, o que é mentira, burlado, graça, a *arte de birlibirloque* de tourear.

O protestantismo belmontista enegreceu sombriamente o toureio, apagando tristemente suas luzes com o escuro capuz da bobagem moral.

A capa e a muleta de Belmonte eram rígidos, duros, sem flexibilidade nem graça; porque lhe serviam para a trapaça como se fossem de papelão.

"FAÇA-SE o milagre e faça-o o Diabo" — diz o trapaceiro; mas se engana. O Diabo não faz milagres, faz trapaças, para que se pareçam; o que mais se parece com um milagre é uma trapaça.

SUB *angelo lucis*: o Diabo vestido de toureiro. Só que se reconhece imediatamente: pelo modo de andar.

A identidade dos contrários, se fosse imóvel, seria a trapaça ideal da lógica hegeliana: de um hegelianismo lânguido e retorcido também; degeneração e não superação espiritual do raciocínio. É que Aristóteles, como *Pepe-Illo*, sabia tourear.

PARA menos vulto, mais claridade; dissolver o vulto é a *arte birlibirloquesca* da inteligência: um toureio, arte de pôr e tirar; clarividência transparente, mágica rapidez luminosa: visto e não visto; entendimento natural e sobrenatural.

TOUREIO natural ou toureio forçado, *cruzar* o touro ou deixar-se cruzar por ele; mas sempre *cruzamento* e *encontro*: *sorte*; ganhar para perder; e, ao contrário, burla recíproca: a *arte de birlibirloque*.

PARA dar o *molinete* ou a *navarra* como devem ser dados, na cara do touro, não basta perder o medo do touro, mas o respeito, perder o medo de tourear. O toureiro medroso é o que tem medo de tourear, de burlar o touro diante dele, jogando limpamente com o perigo; e de burlar-se, de negar a si mesmo, e redondamente (*molinete navarra*), para salvar seu jogo. O verdadeiro toureio não burla só o touro, também burla o toureiro.[4]

O toureiro, quando joga um farol, concentra suas luzes em um ponto: acende alegremente a burla em um só lampejo, rápido, brincalhão, ligeiro, inteligente; se descuidar-se, perde, e o touro o apaga sombriamente.

CRISTO, ao cruzar-se com Verônica, deu-lhe milagrosamente a cara, sua santa Face. E Verônica, de cara com a cruz, perpetuou a figura de Cristo.

---

[4] Em espanhol, *"burlar"* tem também o sentido de esquivar a investida do touro durante o toureio. [N.T.]

Cara e cruz, frente a frente, juntas e separadas
no perigo; a morte e a vida; sombra e sol: como o
toureiro com o touro.

NO cruzamento da *sorte* de capa de frente ou a
verônica, o touro e o toureiro se encontram cara
a cara, frente a frente, como a paixão e a burla:
como Cristo com a mulher; se juntam-se, é para
poder separar-se; e ao contrário: para ganhar ou
perder tudo: a *cara y cruz*,[5] que é como se joga
tudo: o todo pelo todo.

ESPERAR o touro oblíquo na *verônica*, como fazia
Belmonte, para não cruzar com ele, para não cruzar
com ele de cara, na cara, é fazer trapaça fingindo
a *verônica* ladeada sem *cruzamento* no *encontro*,
porque não há *encontro*; e quando não há *cruzamento*
nem *encontro*, o toureiro não passa o touro, deixa-
-o passar; o mesmo ocorre com a capa e a muleta; e
o touro passa, deixando-o de lado, como o trem.

A *larga*, jogada quando o toureiro cruza com o
touro, curva-se finamente, com flexível graça,
caindo sobre o ombro, suave, dobrando, sem
quebrar-se, para parar com exatidão e deixar o
touro, outra vez, em seu lugar.

DAR *largas* ao touro não é adiar a sorte, mas
cumpri-la: confiar largamente nela, como Dom
Juan.

O toureiro, na *larga* não se larga, fica; e não
fica curto nem *largo*, mas justo, exato, medido,
fatal.

---

5 Corresponde a "cara ou coroa", os dois lados da moeda,
o sorteio. [N.T.]

NO *cruzamento* do toureiro e do touro, o passe
regular ou natural abre sua linha curva como
um compasso de espera, de mortal espera; e ao
quebrar-se, no centro, desdobram-se, o toureiro
e o touro, como o leque, inútil e graciosamente
desesperados.

TRÊS estados tem o touro na praça, de acordo com
Montes: *levantado*, *parado* e *aprumado*. O *levantado* é aquele em que não para um minuto nem deixa
parar; os touros de pouca idade costumam estar
sempre nesse estado, que lhes é natural, por isso
mal se pode toureá-los e só algumas *sortes* podem
ser feitas, a grandes ou pequenas penas. O touro
parado é o que verdadeiramente está na praça, porque parou para verificar onde está; reflete sobre
sua sorte e torna possível todas as *sortes* do toureio; não para por falta de pés, mas porque se dá
conta de que os tem: mede sua ligeireza natural,
como o toureiro; é o único touro que se pode, logicamente, verdadeiramente, *birlibirloquescamente*,
tourear. O touro *aprumado* é precavido, lento; não
para, e sim anda com pés de chumbo,[6] com tão lenta
e pesada precaução que não se pode toureá-lo;
para matá-lo, se inventou o *volapié* ou voo dos
pés no toureiro, legalização lógica de um recurso
em última instância, que só nesse caso pode ser
admitido, porque o touro infringe a lei.

A classificação *birlibirlológica* que *Pepe-Illo* fez
do touro e Montes ratificou, supõe uma estrutura

---

6 "Aprumado" é tradução de *"aplomado"*, que significa também "que tem chumbo [*plomo*]", incluindo no vocábulo a
 caracterização dos "pés de chumbo"; em português, a
 relação entre "chumbo" e "aprumado" fica menos visível,
 embora exista, pois o "prumo" (instrumento para verificar a verticalidade de um lugar ou o eixo de um sólido)
 pode ser de chumbo. [N.T.]

e uma escala, para a verificação dos próprios
princípios do toureio que as estabelece. Uma
dicotomia fundamental: a do touro boiante e do
aturdido, gradua, entre esses termos, os meios
qualitativos do touro *claro* ou *simples*, o *revoltoso*, o que *se amolda*, o que *ganha terreno*,
o *de sentido* e o que *arremata no vulto*; e ainda
exalta e precisa a passagem das qualidades a sua
graduação quantitativa com o *valentão*, o que *pula*,
o que *oscila diante do engano* etc. Desse modo, as
finas pontas do compasso dicotômico medem, como
em projeção triangular, diante do touro, todas
as possibilidades das *sortes*; da sorte. Razão
e fortuna. No toureio, exercício físico e metafísico da razão, como no espiritual que Santo
Inácio inventou, calculam-se quantitativamente as
condições vivas da verificação da graça. Suprema
ciência, ou arte grande como a da contemplação de
Raimundo Lúlio, pois dobra o jogo da vida com o
da verdade, afirmando-o ordenadamente, como São
Tomás, em perfeita correspondência. A natureza —
dizia o alquimista — só se vence com a natureza:
e do mesmo modo o sobrenatural; há que contar com
Deus se quiser vencer o Diabo: e ao contrário. As
maquinações do touro se dominam como as do Diabo:
com naturalidade e sobrenaturalidade; ou seja,
mecanicamente.

O touro *de sentido* é, no fim das contas, o que
tem senso comum, sentir de seus sentidos, segundo
a psicologia tomista; e assim dá sentido a seu
ímpeto. No fim das contas, porque afina cabalmente o sentido de seu sentir, arrematando-o no
vulto escuro; matando a alma luminosa da burla.
Só assim, *a vulto*, dizia Santa Teresa que sabemos
que temos alma: por senso comum; obscuramente. O

touro sabe desse modo cego, também por senso comum
(o seu próprio), que temos corpo.

NO touro, deve-se observar as orelhas quando está
vivo; ou para prevenir a investida, como aconselha
Pepe-Illo, se mexer as duas; ou para saber de que
lado sabe chifrar, se mexer uma, como aconselha
Montes.

QUANDO o toureiro incita o touro, de longe, e o
espera para matá-lo (*recebido*, que é a *sorte* clássica de matar), a mão esquerda, que vai *cruzá-lo*,
deve ignorar o que a direita faz, que vai dar-lhe
morte; é o *cruzamento* definitivo, o *encontro* der-
radeiro e fatal; por isso, para não ser *recebido*,
o encontro deve ser rapidíssimo, a *vuela pies*; o
voo dos pés ligeiros salta a trapaça ao justificar
o engano, o meio pelo fim; porque se não fosse
porque é o fim, o meio ardiloso também não se
justificaria.

JOSELITO era um extraordinário matador, porque
matava os touros toureando. A *sorte* de matar não
era para ele uma trapaça, mas, sim, mais uma verdadeira *sorte*, como a de bandarilhas: uma *sorte*
toureira, não uma estratégia brutal de matador.

O touro que não se pode matar toureando deve ser
retirado com as chocas ou com os cães, ou deve-se
cortar seus pés com a terrível meia-lua como cas-
tigo. Mas é o touro, não o toureiro, nesse caso,
o único culpado, o único que falta com as leis
birlibirloquesas do jogo, o único que deve ser
castigado.

A *sorte* de bandarilhas, em qualquer de suas formas, é a prova matemática de todas as *sortes* de

tourear; toda *sorte* pode ser comprovada matematicamente pela de bandarilhas; todo toureiro, para sê-lo, tem que ser, em essência, presença e potência bandarilheiro. Na *sorte* de bandarilhas, o toureio se define puro, abstrato, absoluto, perfeito.

NA realidade, a *sorte* de bandarilhas pode ser reduzida a três figuras, como o silogismo; uma perfeita: o *topa-carnero* ou a pé firme, em que se espera o touro; imperfeitas as outras duas: *quarteio* e *recorte*, nas quais se sai ao seu encontro; o oblíquo e meia-volta é, como o silogismo galênico, uma quarta figura, que não é sair pela tangente, embora, às vezes, possa parecer.

O espírito do francês consiste, segundo uma certeira definição francesa, em que quando se colocou um candelabro sobre um canto da chaminé, há necessidade de colocar outro, imediatamente, do outro lado. Na *arte de birlibirloque* de tourear, um francês, assim motejado: o *francês* inventou a *sorte* de bandarilhas; contribuição rítmica, simétrica: o par. Que desilusão para os casticistas!

HÁ que arder para consumir-se ou há que consumir-se para arder? As bandarilhas de fogo são as de verdadeiro luxo espiritual: por mais queimado que o touro esteja, há que queimá-lo mais; há que ressaltar artificialmente seu fogo com essa bela e cruel reminiscência religiosa de um santo ardor na inquisição persecutória de verdades. Sempre, sempre, sempre há que queimar viva e nua a verdade. É um ato de fé: na arte, no jogo, no milagre, em Deus.

ENGANADO pela túnica sangrenta, o touro morre, como o deus burlado, envolto na de seu próprio

sangue; enquanto a última luz violeta, e ultra-
violeta, da inteligência, causa inocente de sua
morte, extingue-se no mito solar. (Iole chora e
Héracles sorri, melancólico, em seu inferno.)

TODA a *arte de birlibirloque* de tourear está
em duas palavras: a palavra *figura* e a palavra
sorte. Os nomes, sim, fazem as coisas: as coisas
de jogo.

O toureiro deve estar sempre *situado*; porque
situar-se, colocar-se, é a própria arte *birlibirloquesca* de tourear: sua expressão ou estilo na
extensão, como para o poeta no pensamento. O pensamento sideral de Deus é guardar as distâncias:
situar tudo. Os toureiros têm seus *sítios* no
jogo, porque são as *figuras* do jogo, e, de certo
modo, imagem sideral. Com que graciosa suavidade
o toureiro situado mede, guarda as distâncias de
todo o jogo! Respeito pelo touro, por sua *figura*
e pelas *sortes*, respeito a Deus.

O toureiro é inteligência iluminada: figura
e teorema; definição perfeita da *arte de
birlibirloque*.

O toureiro que acende seu corpo, sua figura, de
inteligência, toureia como os anjos: como os anjos se tivessem figura geométrica toureariam, se
pudessem passar pela metade para ir de um lado
para outro, contradizendo a proposição teoló-
gica de São Tomás. Um anjo vai de um lado para
outro sem passar pela metade — diz o teólogo;
um toureiro, não; porque o toureiro sabe que a
metade é a distância justa que equilibra todo o
jogo *birlibirloquesco* de tourear. O toureiro é um
anjo luminosamente geométrico: um anjo visível e

natural. O anjo da guarda das distâncias. O anjo com espada e muleta de fogo na porta do paraíso *birlibirloquesco* terreno.

CADA toureiro é uma espécie de toureiro, não individual, mas especificamente um, como o anjo. Embora sejam legião ou grupo. Por isso, há que deixar o toureiro sempre só. Deixá-lo só! No lance da razão e da fortuna, ele só, *birlibirloquesco*, pode esquivar o perigo.

O toureiro, silencioso e só, não se dá a todos os diabos como faz o *pelotari*[7] desesperado, e, sim, porque espera, porque sabe esperar, se dá a todos os anjos.

O público deveria silenciar na praça, como *Pepe-Illo* exigia, religiosamente. O toureio é claro silêncio luminoso; o toureiro, para não interrompê-lo, cala ou fala só para sua capa.

O toureiro confia na Virgem para não correr; quem não confia é o touro. Por isso, o toureiro recém-nascido, nas Sociedades de Cavaleiros, consagrava-se à proteção da Virgem: por isso, mantém diante delas o óleo aceso nas lamparinas propiciatórias, dobrando suas luzes de razão sobrenatural, de prudência.

VAMOS *ver se é verdade*, nos dizemos diante da *sorte*. E o toureiro nos responde, tácito: vamos ver.

---

[7] Praticante de pelota ou pelota basca, modalidade esportiva em que duplas de jogadores se revezam na quadra para rebater uma bola que é lançada contra uma parede. [N.E.]

O toureio, descendente da cavalaria, descendendo
dela, por um empenho cavalheiresco a pé,[8] vontade
de domínio, de senhorio, de possessão ou posição
inteligente, tem na Virgem protetora, a Dama de
seus pensamentos: singularmente, na Imaculada
Conceição. O toureiro, como Descartes, epígono
escolástico, oferece a Nossa Senhora a invenção
geométrica de sua arte, ou de sua ciência: de sua
birlibirlomaquialogia.

A filosofia cristã, e não há outra *birlibirlolo-
gicamente* verdadeira, é a que nega a si mesma, ou
burla-se, segundo Pascal, para afirmar-se, positi-
vamente, pela fé, pela cruz: como o toureio.

A fé positiviza a razão. Quando se tocam, ao
cruzarem-se, a razão e a fé fundem em um lampejo
iluminador a vida do homem; como a do toureiro
birlibirloquesco, caso se choque luminosamente
com o touro, produzindo um curto-circuito que o
mata eletrocutado. É que o toureiro verdadeiro
quer morrer do raio, não do trovão; não do susto;
como quis a luminosa *filha do ar*, a *birlibirloquesa* calderoniana; e, como ela, não morre,
desvanece-se: como o que é: imagem pura, fantasma
iluminado. O toureiro que morre na mesma cruz da
sorte é mártir *birlibirlológico* da verdade; sua
morte é testemunho dela: por isso, não é morte
natural, mas sobrenatural, milagrosa; de graça
e não de desgraça divina. O único que vai para
o céu direto, para a glória, com sapato e meias,
é o toureiro morto na praça, graciosamente, pelo
touro.

---

[8] Na antiga arte de tourear, "empenho" referia-se à obri-
gação que o cavaleiro picador tinha de picar o touro a
pé, frente a frente, sempre que perdia alguma manobra
ou o touro maltratava o capinha. [N.T.]

ENTRE a razão e a fé, não haverá diferença mais
que de rapidez, de velocidade, ou melhor, de ligeireza? O ideal da inteligência é alcançar a
maior velocidade conhecida: a da luz. Foi esse
o ideal luminoso do Burlador, de Tirso de Molina,
intelectual puro, rejeitando longas fianças: sem
tempo a perder. Por isso dava uma estocada, para
não dar uma explicação; como um toureiro. E era
isto: o toureiro, o homem absoluto; o toureiro
do absoluto; lógico da burla e da *birla* como seu
teológico inventor. Assim definiu a si mesmo: um
homem sem nome, enigmático, verdadeiro. E por rapidez, por ligeireza, lançou o lastro de seu nome
vão, *Dom Juan*, a todos os cães da História, como
um osso duro de roer. (Ainda o estão roendo.) Ele
ficou sozinho, toureiro, até que, imprudentemente
luminoso, deixou-se ganhar do Diabo, ardilosa-
mente, pela mão. "Os filhos das trevas são mais
prudentes que os filhos da luz", diz o Evangelho.
Segismundo, *Semíramis* e *Faetonte* cumprem idên-
tico destino: como o Burlador, são imprudentes,
porque são filhos da luz, do ar aceso. Essa ai-
rosa genealogia dos burladores, em Lope de Vega,
Calderón de La Barca e Tirso de Molina, ilumina a
tragédia espanhola: veste com traje de luzes de
tourear o teatro *birlibirloquesco* do século XVII,
acendendo-o como um altar, como um toureiro, de
luzes claras e distintas: de inteligência verdadeira. É a filiação luminosa que tem na insupe-
rável presença do Burlador sua figura definitiva:
o toureio de corpo e alma, ou um corpo e alma de
toureiro. É que o toureio do século XVIII, como
o teatro do século XVII, foi uma consequência
birlibirlológica da teologia.

O touro é um monstro da fortuna. O toureiro é um
labirinto de razão. Se o sonho da razão produz

monstros, como o Diabo, a razão de sonhar faz
labirintos, como Deus.

ONDE há uma cruz, há um ponto; e onde há um ponto,
há uma razão: matemática, divina. Para o toureiro, como para o teólogo, a razão é um ponto
no qual coincidem, ao cruzarem-se, a vontade e a
inteligência (afirmação tomista), ou a burla e a
paixão (afirmação toureira). O signo ou sinal da
cruz afirma o jogo do toureio como o da filosofia:
teologicamente. O toureio é uma lógica da burla:
uma lógica à maneira divina.

A razão no jogo do pensamento, como no toureio,
é um ponto de partida, de apoio, de vista e final. De partida, porque parte em dois o mundo do
conhecimento, definindo-o, desse modo, geometri-
camente, por sua própria lei geradora, ao partir:
como princípio de contradição. De apoio, porque
sustenta em equilíbrio justo, com fidelidade de
balança, os dois mundos do conhecer: este e o outro; visível e invisível, natural e sobrenatural;
participação dos dois mundos dados ao conhecimento, dados à razão, como dados de casual fortuna. De vista ou de mira, porque havendo partido
e equilibrado justamente o conhecer, unifica a du-
pla imagem dada do diverso em uma só, o universo;
visto e não visto: *in ictu oculi*; em um abrir
e fechar de olhos. E final, porque determina o
próprio jogo racional do pensamento, do toureio,
como finalismo causal; da maneira como um ponto de
luz gera o círculo luminoso, na teoria lumínica do
teólogo inglês Grosseteste; como princípio e fim
ou razão de ser: participação do divino. A razão
de ser do pensamento, como do toureio, põe todas
as coisas em um ponto, em seu ponto, que é ponto e
hora de razão (duração e simultaneidade); a hora

em ponto de razão; a hora da verdade: o ato relativamente mais puro. Círculo racional, luminoso: afirmação categórica. Chegando as coisas a esse ponto, para o teólogo como para o toureiro, já não deixam lugar para dúvidas. Eh! Para a praça!… O giro da razão é a roda da fortuna.

QUANDO *Birlibirloque* faz um cone de papelão, sem truque algum, não é para deixá-lo vazio, mas para colocar uma lebre ou uma pomba dentro.

DEUS fez a fatalidade luminosa dos astros: o homem inventa, caprichosamente, as estrelas.

O homem passa o tempo complicando, cada vez mais dificilmente, sua charada; e Deus lhe dando, cada vez mais fácil, a solução.

O chapéu pontiagudo de *Birlibirloque* está todo estrelado de céu.

O *salto à garrocha* era uma clara *sorte birlibirloquesa* de tourear: o toureiro se ergue, rápido, contra a investida, e cai, do outro lado, de pé, sem quebrar a vara e sem soltá-la: como deve fazer metafisicamente o pensamento. Toda metafísica é um *salto à garrocha* espiritual.

COM o trampolim de *Birlibirloque*: a garrocha, o toureio salta (como tudo o que é vontade de salto: inteligência) sobre o castiço espanhol ou o clássico universal.

O toureio não é espanhol, é interplanetário.

EM definitiva, a *arte de birlibirloque* salta em tudo a toureira.

A decadência do analfabetismo

> *Bem-aventurados os que não sabem ler nem escrever,*
> *porque serão chamados analfabetos.*
> "La cabeza a pájaros", J.B.

Todas as crianças, enquanto o são, são analfabetas.

    A criança não pode começar a aprender as letras do alfabeto, não pode começar a aprender a ler e a escrever até que não comece a ter isso que se chama, justamente, uso da razão; uso da razão que, quando essa criança se tornar, caso se torne, homem alfabético, homem de letras, será seguramente abuso; o uso e o abuso da razão é, definitivamente, a utilização racional, a razão prática; porque não é que a criança não tenha razão antes de usá-la, antes de saber para que vai lhe servir ou para que vai utilizá-la na prática — não se pode usar o que não se tem —, é que tem uma razão intacta, espiritualmente imaculada, uma razão pura: isto é, uma razão analfabeta. E essa é sua bem-aventurança. Não é que não possa conhecer o mundo, mas, sim, o conhece puramente: de um modo espiritual exclusivo, não literal ou letrado ou, ainda, literarizado. A razão da criança é uma razão puramente espiritual: poética. A criança

pensa somente em imagens, como, segundo Goethe,
faz-se a poesia: e pensa imaginativamente, sem
dúvida, mesmo antes de vocalizar seu pensamento; e
quando começa a vocalizá-lo, grita. Santo Antônio
diz que um choro e um gemido são uma voz, que é
também um grito. A criança diz *em voz alta* seu
pensamento. E começa a entender de *viva voz* o
nosso, muito antes de usar, de utilizar, sua razão
pura: de impurificá-la.

E o que faz a criança com sua razão se não
a usa, se não a utiliza? O que faz? O que faz com
tudo: brincar. Brinca.[9]

O pensamento é ainda na criança, enquanto
é criança, um estado de brincadeira. E o estado
de brincadeira é sempre, na criança, um estado de
graça.

Se a criança brinca porque é criança ou é
criança porque brinca, pensar é, para ela, brincar: fazer brincadeira, graciosamente, com as
imagens de seu pensamento: as coisas; fazer, que
é o que as crianças fazem, todas as coisas de
brincadeira. A razão de a criança ser criança é
esta, seu estado de brincadeira; *a razão de estado*
da infância, como de todo estado poético ou de
pura racionalidade, é a brincadeira. Toda razão
poética ou razão puramente espiritual é uma razão
analfabeta que faz, infantilmente, todas as coisas
de brincadeira, mas brincadeira também espiritual
pura, de racionalidade intacta. A imaginação, ou
pensamento imaginativo, popular, quando é analfabeta, quando é criança, ao fazer todas as coisas
de brincadeira racionalmente, as chama *deuses*.

---

9   Em espanhol, *"jugar"* significa tanto "jogar" quanto
    "brincar", e *"juego"* se refere a "jogo" e a "brinca-
    deira". Na tradução, ao optar por uma ou outra forma, de
    acordo com o uso consagrado das expressões em português,
    perde-se a ambiguidade. [N.T.]

Para o povo criança analfabeto grego, o mundo
era, poeticamente, uma brincadeira divina, era
como uma conjunção real de deuses: uma conjunção
copulativa e disjuntiva: os deuses se amam e se
combatem. Para o povo criança analfabeto cristão,
o universo é, poeticamente, também brincadeira
divina, mas como uma conjunção pessoal de Deus.
Os povos, como as crianças, pensam e creem simultaneamente, brincando: porque sua racionalidade
é pura ou poética, ou seja, divina. Por isso,
enquanto Deus joga com os povos analfabetos como
com as crianças, o Diabo está sempre jogando sujo
com os que são letrados, como com os homens que
também o são, os *homens de letras*.

O que um povo tem de criança, e o que um
homem pode ter de povo, que é o que conserva de
criança, é, precisamente, o que tem de analfabeto.
O analfabetismo é a denominação comum poética de
todo estado verdadeiramente espiritual. Em nossa
própria vida, podemos seguir o processo da decadência do analfabetismo como na vida dos povos
mais cultos, mais literalmente cultos. Pobres de
nós, ou deles, se aceitássemos supersticiosamente
como ineludível o monopólio literal, ou letrado,
ou literário, da cultura!

Há uma cultura literal. Há outra cultura
espiritual.

A primeira é a que persegue o analfabetismo:
sua inimiga. E é até hoje, mas não até ontem e
nem até amanhã, a mais aparentemente generalizada.
É a que desordenou o mundo: a que desordenou
mais todas as coisas, suprimindo as hierarquias.
Quando se perde racionalmente o sentido das hierarquias é quando há que ordenar tudo em ordem
alfabética. A ordem alfabética é uma ordem falsa.
A ordem alfabética é a maior desordem espiritual:
a dos dicionários ou vocabulários literais, mais

ou menos enciclopédicos, a que a cultura literal reduz o universo.

O monopólio literal da cultura desordenou as coisas desorganizando as palavras, que são também coisas e não letras; e que por sê-lo, coisas (coisas de ideias ou ideias de coisas, coisas de razão ou coisas de brincadeira), são realidade racional pura ou poética, realidade verdadeiramente espiritual, ou analfabeta. Foi dessa realidade que Hegel disse que se desorganizava quando o pensamento se desordenava logicamente; que não é a mesma coisa o pretendido estado de ordem literal e a ordem lógica, posto que a ordem lógica, como diria o próprio Hegel, é uma atividade espiritual, não literal: uma *especificação cada vez mais determinada do pensamento*; isto é, a determinação das leis espirituais de um estado racional de brincadeira; da brincadeira divina de uma infância eterna.

A razão faz jogo de palavras com todas as coisas. As palavras são coisas de jogo. As letras não o são. As letras não são coisas de brincadeira. Uma letra é uma faca de dois gumes: por isso entra com sangue. Um abecedário nas mãos de uma criança é mais perigoso para sua vida que a cartela de alfinetes ou a caixa de fósforos ou o pacote de lâminas de barbear... E muito mais, se for dos que fingem trapaceiramente ao pé de cada letra para enganá-lo: *galo, borboleta, gaivota, elefante*... Assim a criança poderá tomar, depois, incautamente, todas as coisas como as viu ali ou aprendeu a vê-las: *ao pé da letra*. Assim poderá adquirir de tudo um mentiroso conhecimento literal e pedestre. Esse é o primeiro golpe que a letra dá no espírito: o mais certeiro. A letra atravessa com seu estilete agudo o coração analfabeto da criança, que poderá não cicatrizar dessa ferida, não bater espiritualmente nunca mais.

A letra contra o espírito. As letras contra o espírito.

A decadência do analfabetismo foi iniciada pelo século XVIII, o século das luzes, das luzes vacilantes, porque foi também o século das letras firmes, o século que pôs as letras em candeeiro; o século XVIII chegou a ter, segundo Carlyle, uma romântica heroicidade. O último herói de Carlyle, o mais decaído e o mais frágil, é o que ele chamava: *o herói como homem de letras*. O herói como homem de letras não é o homem de letras como herói. O homem de letras como herói veio depois, no século XIX; e veio ser dublê, ridiculamente, em caricatura, de todos os heroísmos. Teve a angústia literal do homem que sente sua voz ser abafada pela letra que o amordaça para roubar-lhe as palavras. A letra, que, como ladrão, vem roubar a palavra viva do homem, e como o ladrão, caladamente: andando *com pés de chumbo*. Porque o pé da letra, ou os pés das letras, são de chumbo. Não dançam, não correm nem pulam, avançam lentamente: e pisam em todas as coisas esmagando-as, para esprimê-las; para tirar-lhes o suco; deixando-as secas e mortas, debaixo, por essa bárbara posse material. Desses pés literais o homem de letras fez seu pedestal intelectualista: amontoou seus estilos para subir em cima e permanecer no alto imóvel, isolado de tudo, como um funambulesco São Simeão estilita, mas mais absurdamente endeusado ou entusiasmado com seu próprio equilíbrio irracional.

De tal modo se literarizou a cultura que o homem chegou a deparar-se com as letras até na sopa. *O homem de letras* quis alfabetizar até seu alimento: e esse ridículo exagero alegórico foi bastante significativo, pois essas letras eram da

mesma massa, não que nossos sonhos, mas que nossas
letras; da mesma massa de uma literatura ou poesia
letrada ou literarizada na qual também se pasteu-
riza e esteriliza alfabeticamente o pensamento.

Houve uma estilística literarização da poesia. Por uma apuração sutil, a poesia se pas-
teuriza literalmente, esterilizando-se: este-
rilizando imaginativamente o pensamento. Poesia
destilada ou esterilizada não é poesia pura: é
poesia letrada ou literarizada. A poesia torna-se
literária, alfabética, buscando na vocalização
exclusivamente literal de suas consonâncias uma
música para suas letras. Há toda uma literatura
poética, ou chamada poética, que tem letra e música, mas que não tem poesia. É aquela mesma da
qual dizia Novalis que uma poesia que se pode
pôr em música é que precisava pôr-se primeiro
em poesia. Pôr em poesia a poesia, embora pareça
redundância, é no que consiste toda arte poética
espiritual e não literária: arte poética analfabeta. Pôr em poesia as palavras é simplesmente
fazer brincadeira, como dizíamos que faz a criança
analfabeta ou o povo, criança analfabeta. A poesia pura é, simplesmente, a mais impura: a poesia
analfabeta. A poesia é o analfabetismo integral,
porque integra espiritualmente tudo. A poesia é
o campo analfabético de gravitação universal de
todas as construções espirituais humanas. Por
isso, toda sistematização espiritual ou metafísica se determina ou se define poeticamente porque
se constrói na poesia e da poesia, como a figura
geométrica do espaço homogêneo. Toda arquitetura
espiritual tem sempre um conteúdo imaginativo,
poético, homogêneo: genericamente e genuinamente
humano. Por isso, o estado poético é um estado
de saudade infantil ou popular: de saudade do
analfabetismo; porque é uma saudade paradisíaca

do estado do homem puro. O poeta sente saudade
de ignorar, saudade da infância, da inocência, da
ignorância analfabeta que perdeu; saudade do analfabetismo perdido: a pura razão espiritual de sua
brincadeira. E essa saudade da ignorância é o que
Nicolau de Cusa denominava uma ignorância douta,
uma ignorância doutrinal; e assim escreveu sua
Douta ignorância ou *Doutrina da ignorância*, que é
uma perfeita doutrina matemática do analfabetismo.
Do analfabetismo cristão.

Quando Jesus era menino e como menino analfabeto ou analfabeto como menino (pois analfabeto
ele sempre foi: como menino, como homem e como
Deus), quando era menino Jesus, se perdeu e foi
encontrado no templo. Ali ensinava aos doutores
da lei, doutores da lei escrita, doutores da letra legal (os mesmos que depois o crucificariam
por isso: por ser analfabeto); ali lhes ensi-
nou essa doutrina espiritual da ignorância, que
eles não ouviram, nem aprenderam. Por isso, ao
condená-lo à morte, depois, por ser analfabeto,
crucificaram-no literalmente, isto é, ao pé da
letra ou das letras, colocando sobre sua cabeça
um cartaz ou letreiro no qual o literato Pilatos fez escrever certeiramente: *Eu sou o rei dos
judeus*; e mandou escrever isso para demonstrar a
todos eles que haviam tomado Cristo ao pé da letra
no que havia dito, e que por tomá-lo desse modo,
literalmente, o crucificavam. Debaixo desse INRI
literal, Cristo entregou o espírito; *em alta voz*,
diz o apóstolo, *dando um forte grito*: divinamente
e humanamente analfabeto. Ao pé da letra morre
sempre o espírito crucificado. Mas morre para
ressuscitar.

O analfabetismo é também uma criança divina que quando se perde se encontra sempre no
templo, no templo vivo do Deus analfabeto: por-

que o templo é dele, depois de Cristo. A Igreja
católica de Cristo canta o analfabetismo quando
celebra a Páscoa de Ressurreição dizendo: *Como
a criança recém-nascida, desejai o leite alvo do
espírito; a razão imaculada, a razão pura.* E a
esse domingo, por esse *como* figurativo que inicia
o Introito de sua missa, a Igreja Popular chama
Quasi modo; porque há que ser como as crianças,
segundo disse o Senhor: porque há que ser analfabetos para desejar esse leite alvo, puro, do espírito; leite espiritual que não está pasteurizado
ou esterilizado literalmente ou literariamente
ainda. E essa é a razão imaginativa sem mácula
(*rationabilis sine dolo*), a razão de ser, de ser
como as crianças, de ser analfabetos; a razão de
um estado poético de brincadeira: de pensamento
poeticamente puro. Esse mesmo domingo, em que se
canta a Aleluia do analfabetismo, a Igreja chama
também domingo *in albis*. E o povo católico, isto
é, a universalidade infantil do analfabetismo,
chamou, singularmente na Espanha, estar *in albis* a
pura ignorância analfabeta, sua poética ignorância
espiritual.

Também o analfabetismo popular grego afigu-
rou nos alvores da aurora a pura ignorância espiritual, a clara apetência celeste; e encarnou o
pensamento, poeticamente puro, em um recém-nascido
imortal: recém-nascido da razão divina. No mito
de Hermes, que vai roubar as vacas lácteas das nu-
vens para nutrir-se de seu leite ilusório. O mito
de Hermes nos oferece um *deus* menino, eternamente
recém-nascido, mostrando-nos em sua imagem leve
e fugidia, como a brisa, o segredo hermético de
pensar.

O analfabetismo, que começa hermeticamente
pelo som, pela voz, pela música, acaba pela palavra, que é o pacto hermético em que a música

é substituída pela luz: o pacto de Hermes com
Apolo. O segredo hermético do analfabetismo é um
segredo luminoso e profundo, e é também um segredo
"a vozes":[10] "a vozes" e não a letras. A poesia
que não é nunca um hieróglifo é sempre um enigma:
uma enigmática verdade, a mais pura. Nos alvores
do pensamento imaginativo, do pensamento hermético, encontra-se espiritualmente a verdade, a luz
e a vida: a poesia do analfabetismo cristão. *In
albis* ou em branco: sem letras se encontra a vida
e a verdade que são, espiritualmente, correlativas. *A ordem das coisas no ser* — dizia São Tomás,
mestre teológico do analfabetismo — *é o mesmo que
a ordem das coisas na verdade*; porque não é ordem
alfabética, mas, sim, analfabética, harmoniosa:
ordem e concerto espiritual de tudo.

Por ordem alfabética não se pode formar a
palavra, a palavra viva: porque a vida é pela palavra, mas não a palavra pela vida; como a verdade
é pela palavra, e não o contrário: pela palavra
divina. (No princípio era o Verbo e o Verbo era
Deus, e o Verbo estava em Deus... começa dizendo São
João em seu Evangelho poético, que é o Evangelho
do analfabetismo espiritual mais puro.)

O analfabetismo popular andaluz chama *la pa-
labra del hombre* [a palavra do homem] essas flor-
zinhas volantes que se desmancham com um sopro. *A
glória do homem* — diz um profeta — *é como a flor
da relva. A relva seca e a flor cai. Mas a palavra de Deus subsiste eternamente*. O analfabetismo
andaluz pode vangloriar-se dessa efêmera floração
volante. Um grande mestre do pensar analfabeto,
dom Miguel de Unamuno, disse que na Andaluzia é

---

10 A expressão *"secreto a voces"* corresponde a "segredo de
polichinelo"; a tradução eliminaria a analogia e o jogo
de palavras apresentado pelo autor. [N.T.]

onde se fala melhor o castelhano de toda a Espanha. E é porque na Andaluzia o analfabetismo se defendeu muito melhor das culturas literais. As mais fundas raízes poéticas do analfabetismo espanhol são andaluzas; a linguagem popular andaluza é ainda a mais pura, isto é, a mais puramente analfabeta. Por isso, a linguagem popular andaluza é precisamente a mais verdadeira ou verdadeiramente a mais precisa. O analfabetismo andaluz ama sobre todas as coisas a precisão da verdade; o que equivale ou é, em definitivo, amar a Deus sobre todas as coisas.

Ao terminar o livro primeiro de sua *Douta ignorância*, que é, como eu disse, Doutrina espiritual do analfabetismo, escreve Nicolau de Cusa: *a precisão da verdade luz de um modo incompreensível nas trevas de nossa ignorância*. *O poder das trevas* de nossa ignorância, o poder espiritual do analfabetismo, é fazer luzir de um modo incompreensível em nós *a precisão da verdade*. Não há poesia verdadeira que não precise dessa lucidez espiritual que só se pode encontrar *nas trevas de nossa ignorância*, afundando, como diria Giordano Bruno, a profundidade de nossa sombra. Assim, o povo analfabeto andaluz afunda poeticamente as trevas de sua ignorância, quando canta: quando *canta hondo*.[11] Na profunda sombra desse canto, luz de um modo incompreensível a precisão da verdade; como na poesia mais pura, ou na música: a verdade que reflete, ou na qual ressoa — pela palavra, pela voz, pelo grito —, essa divina espiritualidade popular ou infantil analfabeta da Andaluzia. No *cante hondo* andaluz, o homem

---

11 *"Hondo"* significa "fundo" ou "profundo"; *"cante hondo"* ou *"cante jondo"* é o canto andaluz mais genuíno, de profundo sentimento. [N.T.]

cultivado literalmente ou literariamente não vê
nem ouve nem entende nada: não vê nada mais do
que um homem, ou uma mulher, dando vozes e, às vezes, dando gritos. E é isso, dar vozes e gritos,
mas dá-los precisamente com verdadeira precisão:
fatal, exata: porque é uma dicção perfeita, isto
é, que diz em alta voz ou em um grito a palavra.
É que o *cante hondo* andaluz está na palavra, não
na música, nem na letra: como está toda poesia,
que é, pela definição de Carlyle, *cante hondo*,
pensamento aprofundado até o canto: o que não é
o mesmo que superficializado até o cantar. Toda
poesia é palavra do homem: alma, sopro, espírito,
sem mais glória que *a da flor da relva*; mas é palavra viva e verdadeira: palavra e não música,
nem letra. *Cante hondo ou pleno ou plano ou lhano*
como o da Igreja analfabética de Cristo.

    O espírito é sopro e passa, hermético, como
a brisa, embora tenha também o voo denso da pomba:
força de pássaro no ar, brioso bater de asas. As
crianças costumam ter medo dos pássaros: se os
perseguem, é por medo, mais do que por crueldade; assustam-nos porque adivinham a potência
espiritual que significam no céu; temem-nos como
se teme a Deus: como temeriam aos anjos se os
vissem. Também o homem perseguia Deus à força de
temer-lhe: e Deus cegou seus olhos para que não o
visse na luz, mas, sim, na profundidade tenebrosa
de sua ignorância; para que o ouvisse pela voz na
palavra; por isso, ele, o perseguidor perseguido,
São Paulo, em sua linguagem analfabeta, nos deixou
dito aquilo de que *a fé é pelo ouvido e o ouvido é
pela palavra de Deus*.

    A voz do povo, analfabeto ou criança, é voz
divina: voz de Deus que diz a palavra de Deus.
Mas a palavra de Deus é dita pelo povo analfabeto
não somente no que canta, mas também no que conta:

no que crê ou no que pensa, ou no que crendo pensar ou pensando crer se afigura; porque o pensamento e a fé analfabeticamente são sinônimos. Ocorre totalmente o contrário com o homem alfabético ou letrado: que não crê nem pensa quando se afigura que pensa ou que crê; ou pensa que crê ou crê que pensa quando menos se afigura.

Quando o povo analfabeto conta o que se afigura, que é o que simultaneamente pensa e crê, o faz divinamente. Dizemos que uma coisa se faz divinamente quando sua perfeição corresponde a uma ordem exclusivamente espiritual: isto é, analfabética. As coisas que se fazem divinamente são sempre coisas espirituais, coisas poéticas. As palavras são coisas de poesia e, ao fazer brincadeira com elas, se causa ou se realiza, ou se realça, poeticamente, uma figuração espiritual, uma construção imaginativa; o que vem a ser, em definitivo, uma representação divina de tudo. As *figurações* do povo, como as da criança, já sabemos que são coisas de brincadeira, e, precisamente, por sê-lo, não podem ser coisa melhor. O analfabetismo é sempre otimista. É fácil perceber naquelas sistematizações racionais cuja depuração formal define um conteúdo poético mais puro, por exemplo: no sistema filosófico aristotélico ou nos sistemas escolásticos, é fácil perceber neles o sabor poético do sumo ou seiva terrestre e celeste de suas fundas raízes analfabetas: isso é o que nos manifesta o profundo sentido de seu otimismo metafísico. Toda construção do pensamento humano que não se desarraiga da razão espiritual ou poética, de seu analfabetismo sustentante, floresce divinamente no céu: e aperfeiçoa um otimismo, sustentando-se espiritualmente de poesia. O que sustenta o jogo espiritual do pensamento é a poesia. (Isso é o que não compreenderá nunca

nenhum racionalista literal: sobretudo se viver
dedicado profissionalmente a qualquer letra.)

As *figurações* populares são o conteúdo
espiritual da história, que as põe em dúvida,
tecendo-as e destecendo-as penelopicamente, em
um inexorável afã providencialista de unir todos
os fios. O povo, quando representa para si mesmo
sua própria história, faz reluzirem suas *figurações*
mais puras, especulando poeticamente seu
pensamento nelas: e essa é a história do teatro
popular, que por isso foi chamado o espelho dos
costumes. O teatro é uma especulação superficial
de imagens, reflexo da vida imaginativa popular,
reflexo de figuras e formas: uma especulação fabulosa
e fantástica do pensamento. A representação
teatral especula superficialmente o pensamento,
graduando-se em tragédia ou comédia segundo
curve a linha de sua superfície especular de um
modo ou de outro, em convexidade ou concavidade,
para refletir as figurações humanas dramática ou
comicamente, mas sempre em formação grotesca. A
mesma figuração humana sustenta tanto Dom Quixote
quanto Sancho: sua formação poética se alonga
e se alarga por um efeito teatral de espelhamento;
Cervantes projeta uma e outra figura de
seu pensamento curvando para dentro ou para fora
a superficialidade especular ou especulativa que
constituem sua reflexão e reflexo. Quando chegamos
até o fundo — escrevi uma vez — *é quando vemos
que é superficial*; o fundo de nosso pensamento
é a superfície de um espelho: uma especulação
superficial de tudo. O teatro é coisa de ver ou
de olhar porque nele vemos o fundo, esotérico, de
nosso pensamento criança, que é nosso pensamento
povo: nosso analfabetismo radical. É que o teatro
representa as *figurações* poéticas pela palavra:
e não pela letra. A máscara imobiliza a atitude

trágica ou a cômica para expressar melhor a palavra, sem alterações miméticas que a desviem de sua razão ou de seu sentido, fortalecendo as vozes para intensificar o processo trágico ou cômico da reflexão. O teatro sem palavras é um mimetismo virtuoso que, como todo virtuosismo, desvirtua a autenticidade da expressão, impopularizando-a. O teatro que é, por essência, presença e potência, popular, ou seja, por definição, analfabeto, não pode falar senão em alta voz e aos gritos; não pode falar por sinais; por sinais somente se fala em letras. Daí que os que excluem do teatro, com razão, a literatura, quando desdenham a palavra reduzindo-a a suas aparências e tramoias espetaculares, o fazem ainda mais literário ou letrado, mais exclusivamente alfabético ou literal. Assim se faz um teatro mimeticamente camaleônico que não conserva de teatro mais que a vã aparência nominal: a oca impressão etimológica, literal, de seu nome.

As fabulosas *figurações* populares ou infantis, que o teatro expressa, formam uma verdadeira confabulação poética contra o alfabetismo literário. O teatro popular — e dizer que o teatro é popular é como dizer que é poético, uma redundância — não o é pelo público que tem, ou, melhor dizendo, pela dimensão da publicidade social que alcança, pois nas decadências analfabéticas o povo é sempre minoria, mas pela função que publicamente representa: como a Igreja; isto é, por ser função exclusivamente espiritual ou imaginativa do pensamento. Basta uma criança para povoar de figurações um teatro: ou seja, para teatralizar figurativamente um pensamento.

A popularidade de um teatro pode não ter, em um dado momento, mais que esse único e universal espectador: um povo ou uma criança.

O analfabetismo teatral, a projeção imaginativa do pensamento espiritual mais puro, conserva na Espanha uma poética sobrevivência doméstica nos *presépios* que são montados para as crianças no Natal. O *presépio* é um sobrevivente dos cenários simultâneos da Idade Média, nos quais eram representados os mistérios católicos da fé. Nesses cenários, coexistiam, como nos *presépios*, os diversos lugares da ação: só que nos *presépios* coexiste a própria ação figurativamente: e assim vemos, ao mesmo tempo e em um mesmo espaço reduzido, cenas sucessivas da vida de Cristo: seu nascimento no presépio a apenas alguns centímetros de distância de sua aprendizagem como carpinteiro ou mesmo da busca de pousada por sua mãe antes do parto: e até da anunciação do anjo ou do sonho de São José ou da fuga para o Egito ou do mesmíssimo julgamento de Salomão. Indubitavelmente, esse é um modo muito analfabeto de ver as coisas. O mecanismo teatral mais aperfeiçoado com sua encenação sucessiva já o evitava, nas representações religiosas dos Autos de Natal, como ocorria nos de Gil Vicente ou de Margarita de Navarra. Autos ou atos de fé poética que mais tarde se chamariam jornadas, para acentuar a razão mecânica do tempo na função, ou do tempo como função mecânica do movimento imaginativo. Todo dramatismo é um modo analfabeto de contemporizar. Daí a rapidez funcional do teatro de Lope de Vega, acelerador das imagens no espaço como em um sonho: e o quimérico mecanismo das aparências e tramoias no de Calderón de La Barca. Todos esses prodígios poéticos são, ou parecem, mais racionais que a primitiva puerilidade dos teatrinhos domésticos da noite de Natal, que ainda perdura, quando os outros se extinguiram, sem que tenham encontrado substituição, senão parcialmente, no cinematógrafo (que, diga-se de passagem, é também uma invenção admiravelmente analfabeta). Nos *presépios* da noite de Natal, a representação poética foi reduzida e como que congelada em um instante: tem por isso mesmo mais intensidade compreensiva, mais ingenuidade e mais coerência: transcendendo poeticamente a incoerência literal; sobretudo se no *presépio se afiguram* trens e aviões, e os *Reis Magos* viajam de automóvel e o Palácio de Herodes tem luz elétrica: quando se estende sobre o monte uma extensa rede de comunicações telegráficas e telefônicas para que um só anjo possa avisar a todos os pastores ao mesmo tempo e o Rei Herodes possa ordenar mais rapidamente, por telégrafo, e em comunicação cifrada, para torná-la ainda mais literal, a degola dos inocentes.

Tudo isso intensifica esse modo categoricamente analfabeto de ver as coisas, que é uma maneira poética de contemporizá-las: de contemporizar com tudo, já que o espaço é tão exíguo, e se trata de não perder materialmente, ou seja, espacialmente, nenhum tempo; não há tempo a perder em um *nascimento*[12] (nem destes nem dos outros por estes tão divinamente significados), não há tempo a perder nem a ganhar porque não há materialmente tempo, e sim espírito. Ao mesmo tempo em que Jesus nascia milagrosamente, de uma menina virgem e analfabeta, que por ser analfabeta foi escolhida para ser escrava divina da palavra —

---

12 O autor usa, para referir-se a "presépio", o substantivo *"nacimiento"*, de uso corrente (assim como *"Belén"*), mantido na língua espanhola por extensão, uma vez que se trata da representação de uma cena de nascimento. Portanto, na tradução de *"no hay tiempo que perder en un nacimiento"* [não há tempo a perder em um nascimento], perde-se um dos significados; se optássemos por traduzir como "presépio", como fizemos no restante do texto, o trecho entre parênteses ficaria sem sentido. [N.T.]

faça-se, disse, em mim segundo *a palavra*: segundo
a palavra divina e não *ao pé da letra* —, a esse
mesmo tempo em que o nascimento de Jesus se cer-
cava simbolicamente de precauções analfabetas:
uma estrebaria como berço e uma mula e um boi para
fornecer-lhe calor com seu alento, para alentá-lo
calorosamente, desde o berço, no analfabetismo;
a esse mesmo tempo, Herodes, o Rei literal, cioso
de manter a ordem alfabética do mundo, que era a
que competia a ele, ordenava — com o mesmo lógico
acerto com que Pilatos ordenaria, depois, a jus-
tificação literal da morte de Cristo — a degola
dos inocentes: isto é, de todos os indiscutivel-
mente analfabetos; para cortar em flor, e pela
raiz, o reino espiritual do analfabetismo que era
anunciado a ele. Mas a *estrela* não o quis; e o
reino analfabético, que não é, naturalmente, deste
mundo, como disse seu Rei, e, sim, sobrenaturalmente, de outro, confirmou-se *precisamente e de
um modo incompreensível* ou espiritual, analfabeto,
pela palavra: porque *de um modo incompreensível*
uma Virgem mãe contemplava *nas trevas analfabetas de sua ignorância*, luzir, como uma estrela,
a precisão da verdade em seu regaço. Que mater-
nidade não vê, em seu dia, ou em sua noite, das
trevas analfabetas de sua ignorância, luzir desse
modo incompreensível a precisão da verdade sobre
seus joelhos, que tanto lhe haviam implorado? A
mulher pura, ou analfabeta, sabe que a verdade
está precisamente em sua escravidão a essa divina
servidão, que servir analfabeticamente a palavra
é a razão pura da feminilidade de seu ser, ou sua
razão de ser mais puramente feminina.

    A fé e a razão dos povos, como das crianças
— dos analfabetos —, dizia que são simultâneas e
sinônimas, mas não idênticas: porque são espiritualmente correlativas.

Essa correlação espiritual da fé com a razão
poética ou razão pura, encontramo-la confirmada
não só na alma analfabeta das crianças e dos povos, mas também nos resultados espirituais dessa
profunda animação: no teatro, que a projeta para
fora, superficialmente, refletindo-a, iluminada;
no canto, quando afunda a voz popular, obscuramente, às cegas; cegando suas fontes evasivas,
como se faz com os pássaros, para que cantem bem.
Também na dança, quando se afunda analfabeticamente como o canto: na dança profunda dos negros,
pois teve que se ver negro o homem para aprofundar
dançando a precisão de sua verdade. A dança negra
é a luz prateada dessa tenebrosa ignorância do
espírito analfabeto, superior a todas as outras
formas retóricas, literais ou literárias da dança.
Dança precisa e verdadeira: ou precisamente e
verdadeiramente poética.

    A decadência do analfabetismo é a decadência
da cultura espiritual quando a cultural literal
a persegue e destrói. Todos os valores espirituais se quebram se a letra ou as letras mortas
substituírem a palavra, que somente se expressa a
vozes vivas. O valor espiritual de um povo está
em razão inversa à diminuição de seu analfabetismo
pensante e falante. Perseguir o analfabetismo é
perseguir rasteiramente o pensamento: persegui-lo
por seu rasto, luminosamente poético, na palavra.
As consequências literais dessa perseguição são
a morte do pensamento: e um povo, como um homem,
não existe senão quando pensa, que é quando crê,
assim como a criança: quando crê que brinca. Tudo
o que sai do jogo poético de pensar está perdido,
irremediavelmente perdido: porque deixa a verdade
da vida, que é a única vida de verdade: a da fé,
a da poesia, pela mentira da morte. Quer tomar
tudo sem fé, *ao pé da letra*; e já vimos que tudo o

que está ao pé da letra é porque a letra o matou,
que tudo o que está ao pé da letra está morto. A
decadência do analfabetismo é, simplesmente, a
decadência da poesia. O processo dessa decadência dizia que podíamos observá-lo em nós mesmos,
porque é a decadência de nosso pensamento quando
vamos perdendo a fé poética, quando vamos nos
alfabetizando: e não temos fé quando não temos
razão verdadeira, razão pura, quando desarraigamos
nosso pensamento da poesia: quando utilizamos ou
alienamos nossa razão praticamente; porque praticamos a letra em vez de *praticar a palavra*, como
disse o apóstolo; e esta, sim, é alienação racional: a loucura ou a estupidez do alfabetismo.

A razão poética de pensar do homem é sua
fé. A poesia é sempre dos homens de fé: nunca
dos homens de letras. Os apóstolos, como homens
de fé por serem analfabetos, deram sua perfeita
expressão poética à vida de Cristo. Comparem-se
seus textos, poeticamente puros, a quaisquer das
inúmeras vidas literais e literárias de Jesus
Cristo que foram escritas depois: a de Renan ou
a de Strauss ou a de Papini… ou qualquer outra
(excetuando as extraliterárias visões analfabetas
dos místicos: como a de Catalina Eymerich). Essas
vidas literais de Cristo são páginas e páginas
de vaga e amena literatura que não diz nem uma só
palavra de verdade: nem uma só palavra de verdade
nem de mentira, porque não são palavras o que
dizem, são letras; a palavra não pode ser dita
senão como os apóstolos e os santos a disseram:
poeticamente. É que nem todos os analfabetos, por
sê-lo, precisam ser santos, mas, sim, todos os
santos, para serem santos, precisam ser analfabetos. *Porque não conheci as letras, entrarei nos
domínios do Senhor*, disse o Salmista.

Para conhecer o temor de Deus verdadeiro há que ultrapassar o lintel poético do analfabetismo; o outro, o medo literal da morte, ou da vida, o medo totalizador alfabético do vazio, não é temor de Deus, é terror pânico.[13]

O terror pânico, que é o panteísmo literal, ou seja, a literalidade divina: a confusão de Deus com o Demônio não é, literalmente, senão uma confusão infernal, uma confusão de todos os demônios; um pandemônio, como foi a confusão literal babélica, mas sem consequente difusão, sem dom analfabético de línguas que lhe suceda: sem redentor Pentecostes espiritual.

O medo literal da morte do que não tem razão poética de crer, ou crença racional de poesia, é medo literal do Inferno ou medo do Inferno literal; pois não crer é, literalmente, crer em nada: crer literalmente no Inferno; e não em um Inferno espiritual ou analfabeto como o dos gregos, o Inferno órfico, nem o da poesia católica, e sim o Inferno literal dos mortos, alfabeticamente ordenado: o pior dos Infernos possíveis. Porque não é o Inferno da poesia, mas o das letras. O cemitério civil ou municipal do eterno. Que por isso pensava a Santa Catalina genovesa que haveria algo muito pior que o fato de haver, poeticamente, Inferno, após a morte, e que é, literalmente, que não houvesse.

A ordem alfabética internacional da cultura, que nasceu com os enciclopedistas — e que é uma espécie de antecipação mortal do Inferno —, chegou, em consequência lógica e natural, a transformar para nós a representação total do mundo, o universo, em um Dicionário Geral Enciclopédico,

---

13 Em espanhol, o adjetivo "pânico" também se refere ao deus Pã. [N.T.]

ordenado, como é natural, alfabeticamente. É uma
alfabetização geral progressiva da cultura que
atuou sobre a vida humana como uma paralisação
geral progressiva do pensamento.

O analfabetismo espanhol é o sentido e a
razão profunda de uma cultura popular do espírito
que se nega a morrer alfabetizada, esterilizada
pela aplicação paralisante e sistemática da letra
morta. A letra mata o espírito. O analfabeto tem
seus direitos espirituais a defender contra a
denominação alfabética de qualquer determinada,
ou indeterminada, cultura, mais ou menos literal ou letrada. Se agora se fala dos direitos
da criança, como vão desconhecer os direitos do
analfabeto, que são, originalmente, os da criança,
os mais puros interesses espirituais da infância?
Os direitos do analfabeto são os mesmos da criança
prolongados espiritualmente no homem: e são os
direitos mais sagrados, porque expressam a única
liberdade social indiscutível: a do espírito; a
da linguagem criadora humana; a do pensar imaginativo do homem. O analfabetismo espiritual e
criador dos povos é o que os povos têm de crianças, de infância permanente; depois os povos têm o
direito ao analfabetismo como as crianças, porque
são, na mesma entranha espiritual de seu ser mais
profundo, a expressão dessa enorme e fundíssima
cultura analfabeta do universo.

Se uma criança ou um povo deixa de ser analfabeto, em que se transforma? Se for tirado o
analfabetismo — essa vida espiritual imaginativa de seu pensamento que chamamos analfabetismo — das crianças, como dos povos, o que lhes
resta? Uma criança, como um povo, quando começa
a alfabetizar-se, começa a desnaturalizar-se, a
corromper-se, a deixar de ser; a deixar de ser o

que era: uma criança ou um povo. E perece alfabetizada.

Há que voltar a vitalizar a cultura, a vitaminizá-la, restituindo-a a seu radical analfabetismo profundo. E ainda mais na Espanha, cuja personalidade histórica está determinada, poeticamente, por esse fundo sentido comum do analfabetismo espiritual permanente. Toda a história da cultura espanhola, em seus valores espirituais mais puros, é formada em razão direta de seu analfabetismo popular constante. Porque, como em todo povo que não deixou de sê-lo, que não pereceu como povo, seu valor e significado espiritual estão em razão direta de sua capacidade de analfabetismo, de sua vitalidade imaginativa, de suas resistências vitais, espirituais, a toda alfabetização cultural, a toda mortal literatização esterilizadora de seu pensamento criador: de sua linguagem. O alfabetismo ou alfabetização cultural é o inimigo mortal da linguagem como tal, no que a linguagem é espírito: da palavra. O alfabetismo é o inimigo de todas as linguagens espirituais: ou seja, em definitivo, da poesia. Porque o analfabetismo verdadeiro é a espiritualidade geradora de uma linguagem, que é o espírito criador de um povo: sua poesia e seu pensamento.

Madri, 1930

Créditos

Fundação Bienal de São Paulo

Fundador: Francisco Matarazzo Sobrinho · 1898–1977 (*presidente perpétuo*)

Conselho de Honra: Oscar P. Landmann † (*presidente*)

Membros do Conselho de Honra composto de ex-presidentes: Alex Periscinoto, Carlos Bratke, Celso Neves †, Edemar Cid Ferreira, Jorge Eduardo Stockler, Jorge Wilheim, Julio Landmann, Luiz Diederichsen Villares, Luiz Fernando Rodrigues Alves †, Maria Rodrigues Alves †, Manoel Francisco Pires da Costa, Oscar P. Landmann †, Roberto Muylaert

Conselho de administração: Tito Enrique da Silva Neto (*presidente*) Alfredo Egydio Setubal (*vice-presidente*)

Membros vitalícios: Adolpho Leirner, Alex Periscinoto, Benedito José Soares de Mello Pati, Carlos Bratke, Gilberto Chateaubriand, Hélène Matarazzo, Jorge Wilheim, Julio Landmann, Manoel Ferraz Whitaker Salles, Miguel Alves Pereira, Pedro Aranha Corrêa do Lago, Pedro Franco Piva, Roberto Duailibi, Roberto Pinto de Souza, Rubens José Mattos Cunha Lima

Membros: Alberto Emmanuel Whitaker, Alfredo Egydio Setubal, Aluizio Rebello de Araujo, Álvaro Augusto Vidigal, Andrea Matarazzo, Antonio Bias Bueno Guillon, Antonio Bonchristiano, Antonio Henrique Cunha Bueno, Beatriz Pimenta Camargo, Beno Suchodolski, Cacilda Teixeira da Costa, Carlos Alberto Frederico, Carlos Francisco Bandeira Lins, Carlos Jereissati Filho, Cesar Giobbi, Claudio Thomas Lobo Sonder, Danilo dos Santos Miranda, Decio Tozzi, Eduardo Saron, Elizabeth Machado, Emanoel Alves de Araújo, Evelyn Ioschpe, Fábio Magalhães, Fernando Greiber, Fersen Lamas Lembranho, Gian Carlo Gasperini, Gustavo Halbreich, Jackson Schneider, Jean-Marc Robert Nogueira, Baptista Etlin, Jens Olesen, Jorge Gerdau Johannpeter, José Olympio da Veiga Pereira, Marcos Arbaitman, Maria Ignez Corrêa da Costa Barbosa, Marisa Moreira Salles, Meyer Nigri, Nizan Guanaes, Paulo Sérgio Coutinho Galvão, Pedro Paulo de Sena Madureira, Roberto Muylaert, Ronaldo Cezar Coelho, Sérgio Spinelli Silva, Susana Leirner Steinbruch, Tito Enrique da Silva Neto

Conselho fiscal: Carlos Alberto Frederico, Gustavo Halbreich, Tito Enrique da Silva Neto, Pedro Aranha Corrêa do Lago

Diretoria executiva: Heitor Martins (*presidente*), Eduardo Vassimon (*1º vice-presidente*), Justo Werlang (*2º vice-presidente*)

Diretores: Jorge Fergie, Luis Terepins, Miguel Chaia, Salo Kibrit

30ª Bienal de São Paulo

Curadoria: Luis Pérez-Oramas (*curador*), André Severo (*curador associado*), Tobi Maier (*curador associado*), Isabela Villanueva (*curadora assistente*)

Curadores convidados: Ariel Jimenez (Roberto Obregón), Helena Tatay (Hans-Peter Feldmann), Susanne Pfeffer (Absalon), Vasco Szinetar (Alfredo Cortina), Wilson Lazaro (Arthur Bispo do Rosário)

Assessoria curatorial: Andre Magnin (Frédéric Bruly Bouabré, Ambroise Ngaimoko-Studio 3Z), Joaquim Paiva (Alair Gomes), John Rajchman (Fernand Deligny, Xu Bing), Justo Pastor Mellado (Ciudad Abierta), Luciana Muniz (Alair Gomes), Micah Silver & Robert The (Maryanne Amacher), Pia Simig (Ian Hamilton Finlay), Sandra Alvarez de Toledo (Fernand Deligny), Teresa Gruber (Mark Morrisroe)

Diretor superintendente: Rodolfo Walder Viana

Consultor: Emilio Kalil

Coordenação geral de produção: Dora Silveira Corrêa

Curadoria Educativo Bienal: Stela Barbieri

Coordenação geral de comunicação: André Stolarski

Projetos e produção

Produtores: Felipe Isola, Fernanda Engler, Helena Ramos, Janayna Albino, Joaquim Millan, Marina Scaramuzza, Waleria Dias, Arthur Benedetti (*logística de transporte*), Grace Bedin (*transporte*), Viviane Teixeira (*assistente geral*), Luisa Colonnese (*assistente*), Marcos Gorgatti (*assistente*), Vivian Bernfeld (*assistente*)

Cenotécnico: Metro Cenografia | Quindó de Oliveira

Montagem de obras: William Zarella

Museologia: Macarena Mora, Graziela Carbonari, Bernadette Ferreira, Heloísa Biancalana

Projeto audiovisual de obras: Maxi Áudio Luz Imagem

Projeto luminotécnico: Samuel Betts

Transporte: Arte3 Log, ArtQuality

Expografia: *Metro Arquitetos Associados* — Martin Corullon (*arquiteto responsável*), Gustavo Cedroni (*arquiteto*), Anna Ferrari (*arquiteta*), Helena Cavalheiro (*arquiteta*), Felipe Fuchs (*arquiteto*), Bruno Kim (*arquiteto*), Marina Iioshi (*arquiteta*), Francisca Lopes (*estagiária*), Rafael de Sousa (*estagiário*)

Comunicação

Coordenação de comunicação: Felipe Taboada (*coordenador*), Júlia Frate Bolliger (*assistente de comunicação*), Julia Bolliger Murari (*assessora de imprensa*)

Coordenação de design: Ana Elisa de Carvalho Price (*coordenadora*), Felipe Kaizer (*designer gráfico*), Roman Iar Atamanczuk (*assistente de design*), André Noboru Siraiama (*estagiário*), Douglas Higa (*estagiário*)

Coordenação editorial: Cristina Fino (*coordenadora*), Diana Dobránszky (*editora*), Alícia Toffani (*assistente editorial*)

Coordenação de internet: Victor Bergmann (*coordenador*)

Apoio à coordenação geral: Eduardo Lirani (*assistente administrativo e produtor gráfico*)

Assessoria de imprensa: A4

Desenvolvimento de website: Conectt

Desenvolvimento do jogo educativo online: Zira

Edição e tradução de legendas: Cid Knipel Moreira, Christopher Mack, Jeffery Hessney, Mariana Lanari

Gerenciamento de documentação audiovisual: Renata Lanari

Produção gráfica: Signorini

Registro audiovisual: *Mira Filmes* — Gustavo Rosa de Moura (*diretor geral*), Bruno Ferreira (*coordenador, fotógrafo e editor*), Francisco Orlandi Neto (*fotógrafo e editor*), Rafael Nantes (*editor*), Brunno Schiavon (*assistente de edição*), Joana Brasiliano (*designer*), Luciana Onishi (*produtora executiva*), Juliana Donato (*produtora*), Leo Eloy (*fotógrafo*), Nick Graham Smith (*trilha sonora*)

Workshop de identidade visual

  Designers convidados: Armand Mevis & Linda Van Deursen, Daniel Trench, Elaine Ramos, Jair de Souza, Rico Lins

  Participantes do workshop: Adriano Guarnieri, Cecília Oliveira da Costa, Daniel Frota de Abreu, David Francisco, Débora Falleiros Gonzales, Miguel Nobrega, Pedro

Moraes, Rafael Antônio Todeschini, Renata Graw, Renato Tadeu Belluomini Cardilli, Tatiana Tabak, William Hebling

Equipe Bienal: Ana Elisa de Carvalho Price, André Stolarski, André Noboru Siraiama, Douglas Higa, Felipe Kaizer, Matheus Leston, Roman Iar Atamanczuk, Victor Bergmann

Coordenadora de produção: Renata Lanari

Educativo Bienal: Carolina Melo (*assistente de curadoria*), Guga Queiroga (*secretária*)

Supervisão geral: Laura Barboza

Relações externas: Helena Kavaliunas (*coordenadora*), Ana Lua Contatore (*assistente*), Juliana Duarte (*assistente*), Maíra Martinez (*assistente*)

Voluntários: Rosa Maia (*coordenadora*), Bárbara Milano, Chynthia Rafael da Silva, Daniela Fajer (*arquitetura*), Débora Borba, Gaelle Pierson, Giuliana Sommantico, Guilherme de Magalhães Gouvea (*comunicação*), Isadora Reis (*arquivo*), Karla Shulz Sganga (*produção*), Lucia Abreu Machado, Marcelle Sartori, Maria Cecília Lacerda de Camargo, Maria Fillipa Jorge, Maria Varon (*arquivo*), Mariana Lorenzi Azevedo (*curadoria*), Marina Mesquita, Paola Ribeiro, Paula de Andrade Carvalho, Paulo Franco, Tereza Galler, Vera Cerqueira

Ensino: Carlos Barmak (*coordenador*), Daniela Azevedo (*coordenadora*)

Pesquisa: Marisa Szpigel

Produção de conteúdo e palestras: Galciani Neves, Guga Szabzon, Leandro Ferre Caetano, Matias Monteiro, Otávio Zani, Ricardo Miyada, Tiago Lisboa

Comunicação: Daniela Gutfreund (*coordenadora*), Beatriz Cortés (*documentação/sala de leitura*), Denise Adams (*fotógrafa), Fernando Pião (*fotógrafo assistente*), Sofia Colucci (*estagiária*), Simone Castro (*jornalista*), Amauri Moreira (*documentação audiovisual*)

Produção: Valéria Prates (*coordenadora*), Agnes Mileris (*assistente de produção*), Auana Diniz (*assistente de produção*), Bob Borges (*produtor*), Eduardo Santana (*produtor*), Elisa Matos (*produtora*), Gregório Soares (*assistente de produção*), Marcelo Tamassia (*produtor*), Dayves Augusto Vegini (*assistente de produção*), Mauricio Yoneya (*assistente*), Danilo Guimarães (*estagiário*)

Formação de educadores: Laura Barboza (*coordenadora geral*)

Coordenadores: Elaine Fontana, Pablo Tallavera

Supervisores: Anita Limulja, Carlos Alberto Negrini, Carolina Velasquez, Debora Rosa, Marcos Felinto, Mayra Oi Saito, Pedro Almeida Farled, Rodrigo De Leos, Paula Yurie, Talita Paes

Arquivo Bienal: Adriana Villela (*coordenadora*), Ana Paula Andrade Marques (*pesquisadora*), Fernanda Curi (*pesquisadora*), Giselle Rocha (*técnica em conservação*), José Leite de A. Silva (Seu Dedé) (*auxiliar administrativo*)

Assessoria jurídica: Marcello Ferreira Netto

Finanças e controladoria: Fabio Moriondo (*gerente*), Amarildo Firmino Gomes (*contador*), Fábio Kato (*auxiliar financeiro*), Lisânia Praxedes dos Santos (*assistente de contas a pagar*), Thatiane Pinheiro Ribeiro (*assistente financeiro*), Bolivar Lemos Santos (*estagiário*)

Marketing e captação de recursos: Marta Delpoio (*coordenadora*), Bruna Azevedo (*assistente*), Gláucia Ribeiro (*assistente*), Raquel Silva (*assistente administrativa*)

Recursos humanos e manutenção: Mário Rodrigues (*gerente*), Geovani Benites (*auxiliar administrativo*), Rodrigo Martins (*assistente de recursos humanos*), Manoel Lindolfo Batista (*engenheiro eletricista*), Valdemiro Rodrigues da Silva (*coordenador de compras e almoxarifado*), Vinícius Robson da Silva Araújo (*comprador sênior*), Wagner Pereira de Andrade (*zelador*)

Secretaria geral: Maria Rita Marinho (*gerente*), Angélica de Oliveira Divino (*auxiliar administrativa*), Maria da Glória do E. S. de Araújo (*copeira*), Josefa Gomes (*auxiliar de copa*)

Tecnologia da informação: Marcos Machuca (*assessor especial*), Leandro Takegami (*coordenador*), Jefferson Pedro (*assistente de TI*)

Relações institucionais: Flávia Abbud (*coordenadora*), Mônica Shiroma de Carvalho (*analista*)

Educadores: Adriano Vilela Mafra, Aline de Cássia Silva Escobar Aparício, Aline Marli de Sousa Moraes, Amanda Capaccioli Salomão, Ana Carolina Druwe Ribeiro, Ana Paula Lopes de Assis, André Benazzi Piranda, Andrea Lins Barsi, Anike Laurita de Souza, Anna Livia Marques de Souza, Anna Luísa Veliago Costa, Anne Bergamin Checoli, Bianca Panigassi Zechinato, Bruna Amendola Dell Arciprete, Bruno Brito, Bruno Cesar Rossarola dos Santos, Camila Sanches Zorlini, Carlos Eduardo Gonçalves da Silva, Carolina Brancaglion Pereira, Carolina Laiza Boccuzzi, Carolina Oliveira Ressurreição, Carolina Tiemi Takiya Teixeira, Caroline Pessoa Micaelia, Catharine Rodrigues, Clarisse Gomes Valadares, Danielle Sleiman, Daphine Juliana Ferrão, Desiree Helissa Casale, Diego Castro da Silva Cavalcante, Diran Carlos de Castro Santos, Edivaldo Peixoto Sobrinho, Elfi Nitze, Elisabeth Costa Marcolino, Erivaldo Aparecido Alves Nascimento, Fabio Lopes do Nascimento, Fábio Moreira Caiana, Felipe Eduardo Narciso Vono, Fernanda Dantas da Costa, Fernando Augusto Fileno, Filipe Monguilhott Falcone, Flávia Marquesi de Souza, Francisco Ferreira Menezes, Frederico Luca L. e Silva Ravioli, Gabriel de Aguiar Marcondes

Cesar, Gabriele Veron Chagas Ramos, Gerson de Oliveira
Junior, Giovana Souza Jorqueira, Giuliano Nonato, Glaucia
Maria Gonçalves Rosa, Guilherme Pacheco Alves de Souza,
Inaya Fukai Modler, Isabella da Silva Finholdt, Isabella
Pugliese Chiavassa, Isabelle Daros Pignot, Isadora do Val
Santana, Isadora Fernandes Mellado, Ísis Arielle Ávila
de Souza, Jailson Xavier da Silva, Jaqueline Lamim Lima,
Jessica Cavalcante Santos, João Ricardo Claro Frare, Joice
Palloma Gomes Magalhães, Jonas Rodrigues Pimentel, Juan
Manuel Wissocq, Juliana Meningue Machado, Juliana Rodrigues
Barros, Lara Teixeira da Silva, Laura da Silva Monteiro
Chagas, Leandro Eiki Teruya Uehara, Letícia Scrivano, Lívia
de Campos Murtinho Felippe, Luana Oliveira de Souza, Lucas
Itacarambi, Lucas Ribeiro da Costa Souza dos Santos, Luciano Wagner Favaro, Luís Carlos Batista, Luis Henrique Bahu,
Luísa De Brino Mantoani, Luisa de Oliveira Silva, Luiza
Americano Grillo, Marcela Dantas Camargo, Márcia Gonzaga
de Jesus Freire, Marcos Paulo Gomide Abe, Mariana Ferreira
Ambrosio, Mariana Peron, Mariana Teixeira Elias, Marília
Alves de Carvalho, Marília Persoli Nogueira, Marina Ribeiro
Arruda, Mayara Longo Vivian, Maysa Martins, Mona Lícia Santana Perlingeiro, Natalia da Silva Martins, Natalia Marquezini Tega, Nayara Datovo Prado, Pedro Gabriel Amaral Costa,
Pedro Henrique Moreira, Pyero Fiel Ayres da Silva, Rachel
Pacheco Vasconcellos, Rafael de Souza Silva, Rafael Ribeiro
Lucio, Raphaela Bez Chleba Melsohn, Raul Leitão Zampaulo,
Raul Narevicius dos Santos, Renan Pessanha Daniel, Renata
Gonçalves Bernardes, Ricardo Vasques Gaspar, Richard Melo,
Rômulo dos Santos Paulino, Roseana Carolina Ayres Lourenço,
Samantha Kadota Oda, Sarah de Castro Ribeiro, Simone Dominici, Sofia do Amaral Osório, Stella Abreu Miranda de
Souza, Suzana Panizza Souza, Suzana Sanches Cardoso, Taize
Alves Santana, Talita Rocha da Silva, Thais Regina Modesto,
Victoria Pékny, Viviane Cristina da Silva, Viviane Cristina Tabach, Wilson de Lemos V. Cabral, Yolanda Christine
Oliveira Fernandes, Yukie Martins Matuzawa

Créditos da publicação

Edição: Editorial Bienal, Iuri Pereira, Jorge Sallum

Capa e projeto gráfico: Design Bienal

Programação em LaTeX: Bruno Oliveira

Preparação: Editorial Bienal

Revisão: Editorial Bienal, Iuri Pereira

Assistente editorial: Bruno Oliveira

Outros títulos

Giorgio Agamben
Ninfas

Giordano Bruno
Os vínculos

Filóstrato
Amores e outras imagens

Quignard
Marco Cornélio Frontão – Primeiro tratado da Retórica especulativa

Patrocínio master

Patrocínio educativo

Audioguia   **Espaço climatizado**

Patrocínio

 Mercedes-Benz **REDECARD**

  McKinsey&Company

ABC BRASIL
ARAB BANKING
CORPORATION

Parceria cultural

   FAAP

Parceria cultural

SEMP TOSHIBA

Apoio mídia **Publicidade**

Apoio institucional

Secretaria da Educação   Secretaria da Cultura

Apoio internacional

  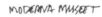

Realização

Adverte-se aos curiosos que se imprimiu esta obra em nossas oficinas em 17 de setembro de 2012, sobre Norbrite Book Cream 66 g/m², composta em tipologia Minion Pro, em GNU/Linux (Gentoo, Sabayon e Ubuntu), com os softwares livres LaTeX, DeTeX, VIM, Evince, Pdftk, Aspell, SVN e TRAC.